親子作文

6大方法增進作文能力

創新寫作方法，親子合作一起寫作文

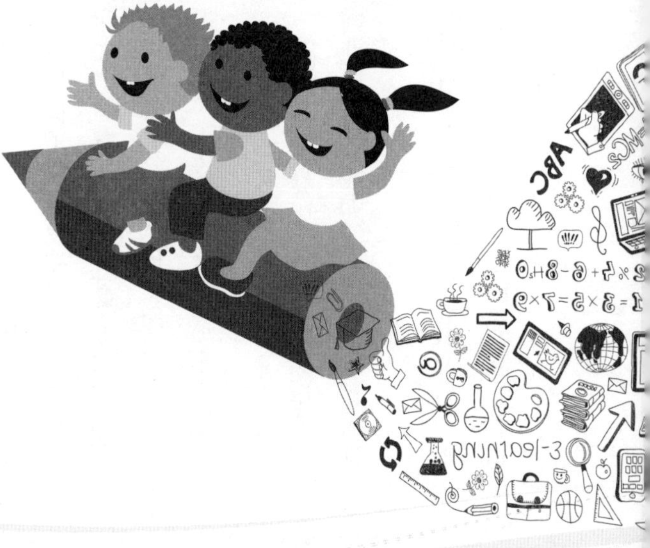

夐林 著

博客思出版社

自序

本書主要以親子的內容，來說明作文的方法，因為同學在日常生活中，最常和家人互動，所以所選的材料也離不開家人，不管是父母寫孩子的成長，還是孩子寫和父母的互動，只要擁有誠摯的情感，文章就能打動人心。依此類推，同學擴而大之，寫在這個社會上所遇到的人、事、物，都能以有情的眼光來看待，由生活中的小事具體刻畫人、事、物，所寫的文章就會深入而感人。希望喜愛作文的同學，能因為這本作文書而愛上作文，這就是這本書出版的目的。

這本作文書由幾個部分組成：一、文章如何開頭？二、熟悉各類寫作方法三、文章如何結尾？四、如何寫影評？五、如何寫讀書心得？六、如何增進作文的能力？七、模擬會考作文題目。

一、文章如何開頭？特別介紹十種文章開頭寫作法，每一種開頭法都有一篇文章來說明，並列出適合的作文題目，同學課餘可就題目來練習開頭法。有一句話說：「好的開始就是成功的一半。」寫作文之前先練習開頭法，就不怕腸枯思竭。

二、熟悉各類寫作方法。接著進入文章的內容部分，介紹各類寫作方法。先說明寫作法的方法，除了有一篇範文可供參考，並且詳細分析文章的結構，深入解析詞語和成語，介紹各種修辭法，最後是文章的賞析，如此同學就能抽絲剝繭掌握這篇文章的精髓。

三、文章如何結尾？特別介紹十種文章結尾寫作法，每一種結尾法都有一篇文章來說明，並列出適合的作文題目，同學課餘可就題目來練習結尾法。有一句話說：「鳳頭、豬肚、豹尾。」寫作文之前先練習結尾法，就不怕有頭無尾，還能首尾照應，給人簡潔、餘味無窮的感覺。

四、如何寫影評？一部電影包含許多組合的要素，在觀賞影片的時刻，摘取令自己感動的片段，訴之文字，也許是別人看不懂的地方，或是經典的畫面，溫馨的對話，深摯的情感，移動的鏡頭，動人的情節，人生的啟示等，都能說出一番道理出來，或讚嘆或批評，滿足與人分享的快樂。

五、如何寫讀書心得？讀書心得除了針對情節的部分來寫心得，還可以針對其他部分：作者和時代背景、社會現象、書中角色評論、優美文句、修辭技巧、自己的生活經驗、故事不同的結局和從書中所得到的學問等。寫讀書心得能對書中的內容，留下更為深刻的印象，反覆閱讀之餘，心中有所領悟，將感動的文字，逐一書寫下來，記錄一段閱讀的歡樂時光。

六、如何增進作文的能力？列出同學在作文時常犯的錯別字，讓同學在寫作文時避免寫錯字，造成文意不通的情形出現。作文最忌諱出現錯別字，因為「一粒老鼠屎，壞了一鍋粥」，同學在作文時要特別謹慎。還有同學常會犯的另一個錯誤是詞語重覆，意思相同的詞語重覆出現，就會給人冗長不夠簡潔的印象，同學在寫句子的時候，要特別留意。完成成語接龍的先決條件，需要多背成語。作文時適當使用成語，能讓文章更優美。在造句的時候，使用疊積木法，讓句子朗讀起來更有節奏感。

七、模擬會考作文題目。列出十個模擬會考作文的題目，讓同學在家自我練習。增加作文能力的方法，是多讀、多想、多寫，多利用時間寫作，自然能揣摩出作文的秘訣，讓思路如源頭活水，滔滔不絕，在考場上旗開得勝。

作者　林素瓊

目錄

一、文章如何開頭？

有句話說：「萬事起頭難。」作文的開頭也是如此，如何在開頭就能吸引別人的眼光？就是擁有敏銳的觀察力和想像力，一篇文章只要有好的開始，就是成功的一半。一般學生若要文章行雲流水，寫出內容深刻的文章，就是仔細去品嘗生活中的滋味，並且以下列幾種方法來開頭。

一、引用法

一、例如：以〈騎出精采人生〉為例──「最近因為兒女們生活太懶散，有時女兒要我餵她吃飯，兒子要我幫他盛飯。先生就會說故事給他們聽。內容大致如下：『大陸新聞報導一個小孩子餓死了，追究真正的原因，是因為他的父母從小就寵他，甚至不讓他用雙腳走路，而讓他到哪裡都坐轎子。等到他的父母陸續辭世，他居然無法獨立求生而餓死。』真是應驗了一句話：「愛之適足以害之。」對小孩子千萬不能太驕縱，否則他的下場會很慘。」

二、短評：這篇文章是筆者寵愛自己的女兒和兒子，連日常生活的瑣事都要筆者幫忙，看在求好心切的爸爸眼中，真的是機會教育最佳的時機，於是爸爸把最近看過的新聞事件說出來，希望女兒和兒子有所警惕，凡事要自己來。筆者就摘錄這則新聞事件，為文章的開頭。

三、引用法：「大陸新聞報導一個小孩子餓死了，追究真正的原因，是因為他的父母從小就寵他，甚至不讓他用雙腳走路，而讓他到哪裡都坐轎子。等到他的父母陸續辭世，他居然無法獨立求生而餓死。」

四、適用作文題目：「體諒別人的辛勞」

範文

騎出精采人生

最近因為兒女們生活太懶散，有時女兒要我餵她吃飯，兒子要我幫他盛飯。先生就會說故事給他們聽。內容大致如下：大陸新聞報導一個小孩子餓死了，追究真正的原因，是因為他的父母從小就寵他，甚至不讓他用雙腳走路，而讓他到哪裡都坐轎子。等到他的父母陸續辭世，他居然無法獨立求生而餓死。真是應驗了一句話：「愛之適足以害之。」對小孩子千萬不能太驕縱，否則他的下場會很慘。

有一次晚餐，兒子聽膩了這個故事，他想要附和先生的講法，兒子看著盤子上煎好的兩條魚，他說要先吃兩條魚的正面，兩條魚的反面就由先生來吃，因為這樣加起來一個人也是吃一條魚，我終於聽懂他話中的涵義，原來兒子懶惰成性，連翻魚的動作也想省略，我不得不佩服，他比大陸報導的那個孩子還高竿。

為了糾正他的省略動作，換我也上場說了一個故事：從前有一個小孩子，父母要出遠門，怕兒子沒飯吃，把一串餅乾掛在兒子的脖子上，沒想到兒子居然餓死了。原來這個孩子只吃胸前的餅乾，吃完了，連用手拿取脖子旁的餅乾來吃都懶，難怪活活餓死。

現在孩子生得少，這種餓死的事時有所聞。探討根治的方法，就是孩子本身應該要做的事，父母一定不要代勞，否則會養成孩子好吃懶做的習慣，甚至茶來伸手、飯來張口也不會覺得羞恥。現在兒子考上附近的高中之後，想自己騎車上學，我們舉雙手贊成。因為高中生為了升學，缺乏運動，騎單車上學剛好藉此運動。希望兒子能用雙腳「騎」出自己的精采人生。

二、譬喻法

一、例如：以〈拒絕強迫推銷〉為例──「兒子上高中之後，就到火車站的補習班選課，有一天，我載他回家，想和他聊天，但是每說一句話他就怒氣沖沖，好像吃了炸藥一般。待我耐心地追根究底，他才說出他被拉去買兩千多塊的保養品，並且附送十次做臉的優惠，還拿了一百元當作訂金。業者甚至要兒子偷偷存錢付分期付款，不需要告訴家長。」

二、短評：這篇文章是筆者的兒子被業者拉去買兩千元的保養品的受騙過程，筆者藉著這篇文章，希望家長和青少年都要小心，避免被強迫推銷，白花冤枉錢。甚至遇到類似的情形，能勇於當面拒絕。

三、譬喻法：「但是每說一句話他就怒氣沖沖，好像吃了炸藥一般。」

四、適用作文題目：「我從同學身上學到的事」

範文

拒絕強迫推銷

兒子上高中之後，就到火車站的補習班選課，有一天，我載他回家，想和他聊天，但是每說一句話他就怒氣沖沖，好像吃了炸藥一般。待我耐心地追根究底，他才說出他被拉去買兩千多塊的保養品，並且附送十次做臉的優惠，還拿了一百元當作訂金。業者甚至要兒子偷偷存錢付分期付款，不需要告訴家長。

聽在我這個做媽媽的耳中，第一個直覺就是兒子被騙了。但是兒子護臉心切，如何說服他才能讓他心服口服？我先詢問診所的護士，她剛好也有受騙的經歷：她說她被騙了一萬多塊，就是在做臉的時候，業者強迫推銷她買更多的護膚產品，結果花了大筆的金錢，卻得不到一點效果。這個真實的案例正好為兒子的心理做後盾，決心解除既定的契約。

兒子也說業者的說法前後矛盾，她跟兒子說他臉上的痘痘非常嚴重。但是跟家長說的又是另一番說詞：「輕微的皮膚症狀，實在不必看醫生。」當然業者缺乏誠意是最令人詬病的，家長豈有不愛護子女的健康的？光明正大地告訴家長，才是長久之道。不需要告訴家長，令家長更難接受，畢竟兒子還是未成年人。

雖然兒子還是學生身分，就花大錢護膚，這不是父母樂見的奢華行為。但是卻提醒我帶孩子去看皮膚科。順便購買安心的保養品，雖然也花了一些錢，卻是光明正大，並且是醫生親自問診開藥，免除花錢又傷身的後遺症。果然兒子臉部的皮膚日有起色。我也跑到火車站，向業者解除契約和拿回訂金一百元。因為這一次的經驗，兒子也學得了如何拒絕他人的強迫推銷。畢竟社會上到處都是陷阱，身為監護人的我們，怎能不小心防範呢？

三、對話法

一、例如：以〈圖書館收費反而浪費〉為例──「日前到附近的大學圖書館，我到視聽室想看一部影片，櫃台工讀生要收三十元，我問：『為何要收費？』她回答：『使用者付費和維修錄放設備。』我往視聽室一看，人數比去年少很多，跟以前幾乎客滿有天壤之別。」

二、短評：這篇文章是筆者本來就有使用附近大學圖書館視聽設備的習慣，去年使用時，並無收費，但是今年卻要收費三十元，因此有感而發，也希望圖書館以開發民智為優先考量。

三、對話法：「我問：『為何要收費？』她回答：『使用者付費和維修錄放設備。』」

四、適用作文題目：「一件事的啟示」

範文

圖書館收費反而浪費

日前到附近的大學圖書館，我到視聽室想看一部影片，櫃台工讀生要收三十元，我問：「為何要收費？」她回答：「使用者付費和維修錄放設備。」我往視聽室一看，人數比去年少很多，跟以前幾乎客滿有天壤之別。

這讓我質疑，到底是金錢重要還是啟發人智重要？圖書館是該提供視聽空間，還是以收費控制人數，減少設備故障率？

政府為了鼓勵民眾閱讀，圖書館不乏最新雜誌和書籍，並已開放每人借閱五本書，而且不限次數，如果借書需付費，相信借書的人一定陡降；而且，現在有許多名著都改編成電影，觀賞影片馬上能吸收名著的精華，再配合閱讀，效果相輔相成。

民眾會去圖書館借書和欣賞影片，節省買書、電影票錢，但圖書館視聽室因收費造成空蕩蕩，豈不浪費？櫃台工讀生形同閒置，不也是浪費？

四、排比法

一、例如：以〈彈性的工作態度〉為例──「假日帶著女兒搭捷運到百貨公司逛一逛，雖然捷運是最快捷的交通工具，但一出捷運站，還是要搭接駁公車，才能真正到達目的地。還好接駁公車密集發車，我和女兒在長長的排隊隊伍中等待，一邊聊天，一邊欣賞街景。」

二、短評：這篇文章是筆者搭捷運轉接駁公車時，發生的事情，看到計程車司機的揪團拉客方式，才使生意上門，覺得做事要有適度的彈性。

三、排比法：「一邊聊天，一邊欣賞街景。」

四、適用作文題目：「那一刻，真美」，「玩遍高雄」

範文

彈性的工作態度

假日帶著女兒搭捷運到百貨公司逛一逛，雖然捷運是最快捷的交通工具，但一出捷運站，還是要搭接駁公車，才能真正到達目的地。還好接駁公車密集發車，我和女兒在長長的排隊隊伍中等待，一邊聊天，一邊欣賞街景。

就在等待接駁公車的空檔，我們看到三輛豪華計程車排在路口，因為有接駁公車的緣故，所以並無人前去搭乘。後來計程車司機出奇招，就是揪團搭車，湊成四人，一人二十元，即可開車。當他們達成共識，隨即大聲攬客，而等接駁公車的一大群年輕人，就跟著坐上計程車，反正價廉物美，又能快速抵達，免於日曬之苦，何樂而不為？於是三輛計程車也忙了起來。

一般人對計程車的印象是時間緊迫才坐，能不坐儘量不坐，因為一上車就按表收費，價錢殺不得。捷運站計程車司機若是以服務少數人的姿態，而不願謙虛服務多數人，只能空等時間匆匆而過，仍然門可羅雀。計程車司機如果改變心態，以揪團或共乘的方式攬客，司機和乘客達成協定，就能開闢另一片天空。這一天讓我看到計程車變成接駁公車的服務模式，我才領悟到何謂彈性的工作態度。

五、名言俗諺法

一、例如：以〈鐵人之旅〉為例——「今年暑假，我們實現了電視廣告中的旅行，內容大概是：『五點騎摩托車，七點搭火車，九點搭公車，十一點搭計程車，十三點搭纜車等的緊湊行程。』本來以為會平安無事，一路順暢。但是應驗了一句話：『吃緊弄破碗！』我的健康在第三天亮紅燈，這是旅途中唯一的遺憾。」

二、短評：有時電視的廣告，常會令人莞爾一笑，並且認為自己絕不會像他們一樣玩得那麼累。但是事情總是難以預料，當你真的在做這趟鐵人之旅時，事後回想難道一點樂趣都沒有？

三、名言俗諺法：「但是應驗了一句話：『吃緊弄破碗！』」

四、適用作文題目：「可貴的合作經驗」，「一趟豐富的旅程」

範文

鐵人之旅

今年暑假，我們實現了電視廣告中的旅行，內容大概是：「五點騎摩托車，七點搭火車，九點搭公車，十一點搭計程車，十三點搭纜車等的緊湊行程。」本來以為會平安無事，一路順暢。但是應驗了一句話：「吃緊弄破碗！」我的健康在第三天亮出紅燈，這是旅途中唯一的遺憾。

追究發高燒的原因，可能如下：搭長途火車時本該好好睡一下，但是我對讀課外書很貪心，就這樣放棄了休息的機會；到了九族文化村，已經下午一點多，距關園時間四點三十分，還剩下不多的時間，為了玩遍園區的遊樂器材，我們居然沒有好好坐下享受一頓美食，隨便吃個東西就打發過去；另外就是穿雨衣玩加勒比海盜船，驚嚇之餘又被水花濺濕，種種原因讓病毒有發功的機會。

隔天我們搭車到台中，準備租摩托車暢遊大台中，我們選擇科博館和逢甲夜市兩個景點，四人兩輛摩托車，一前一後興致高昂，我們以為台中市只是普通市鎮，沒想到台中市的幅員和高雄市差不多，從飯店出發到夜市，再從夜市回到飯店，光車程就要三小時，難怪我的身子支持不下去，以發燒來抗議。

第一次玩得這麼累，事後回想，難道玩非得像拚命三郎不可？這樣跟挑戰鐵人賽沒差多少。奉勸各位別拿自己的生命開玩笑，「留得青山在，不怕沒柴燒。」值得安慰的這次鐵人之旅，飽覽日月潭纜車上的美景，還有搭船暢遊日月潭的風光。

六、成語法、誇飾法

一、例如：以〈諜戰巴黎〉為例——「這部電影和一般的槍戰片沒什麼兩樣，充滿了槍枝、暴力和犯罪等，讓人目不暇給，觀賞之後，只能用一個字「神」來形容約翰屈伏塔，因為他呼風喚雨，無所不能，滿足觀眾對超人的想像。劇中科技吸引人，劇情了無新意。」

二、短評：觀賞電影是一件賞心悅目的事情，看完之後，要趁記憶清晰時把觀後感寫下來，日後不論自娛或娛人，都能說出個道理出來。

三、成語法：目不暇給、呼風喚雨、無所不能。
誇飾法：「只能用一個字『神』來形容約翰屈伏塔。」

四、適用作文題目：「夏天最棒的享受」

範文

《諜戰巴黎》

這部電影和一般的槍戰片沒什麼兩樣，充滿了槍枝、暴力和犯罪等，讓人目不暇給，觀賞之後，只能用一個字「神」來形容約翰屈伏塔，因為他呼風喚雨，無所不能，滿足觀眾對超人的想像。劇中科技吸引人，劇情了無新意。

在科技日新月異的時代，辦案更需要科學的頭腦，比如當約翰屈伏塔追緝恐怖分子時，恐怖分子由九樓樓梯逃到一樓時，約翰屈伏塔算準歹徒到達地面的時間，丟下定時炸彈，炸毀汽車和歹徒，歹徒逃之夭夭之際，絕對想不到會被落下的定時炸彈攻擊，這種創意的殺人情節，為歹徒捏一把冷汗之餘，也為約翰屈伏塔的「神機妙算」叫好。

還有當約翰屈伏塔和伙伴想要開警車逃跑，夥伴說自家車上有許多的證據和指紋，要趕回去滅跡，但是因為他們搶了警車，警車正在後面追逐，約翰屈伏塔就倒車回去衝撞自家車，瞬間自家車就爆炸成一團火球，夥伴一定想不到，約翰屈伏塔早在自家車底下裝了炸彈，隨時做消滅證據的準備。這樣就太「料事如神」了，搶警車老套，毀滅自家車證據的手法，倒是獨樹一格。

最後再提一點，在高速公路發射火箭炮，本來以為約翰屈伏塔在車陣中，雙手握著火箭筒，將身體伸出窗外，會在高速行駛的車隊中發射，但是後來還是跑到高架橋上，在最緊要的關頭發射火箭炮，炸毀歹徒乘坐的車子，符合「神射手」的水準。這種火箭炮的武器出現在影片中，滿足觀眾重口味的喜好。

以上是我覺得比較勁爆的影片片段，除了暴力還加了一點趣味，包括科學的頭腦、精準的射擊技術還有神人合一的男主角。

七、原因法

一、例如：以〈為保護地球盡一份心力〉為例──「先生是理科出身的，對於溫室效應和地球暖化，比一般人還敏感。不久之前，為自己買了一部電動機車，當作代步的工具。率先為全家人的表率，為節能減碳盡自己的微薄之力，不僅節省加油的費用，也減少一些對空氣的汙染。」

二、短評：有時候我們購買任何物品，總是要想一個理由來說服自己，而保護地球是刻不容緩的，這個理由能顯現自己的高瞻遠矚，那麼花這筆錢也值得。

三、原因法：「先生是理科出身的，對於溫室效應和地球暖化，比一般人還敏感。不久之前，為自己買了一部電動機車，當作代步的工具。率先為全家人的表率，」

四、適用作文題目：「那一次，我自己做決定」。「從生活中做環保」

範文

為保護地球盡一份心力

先生是理科出身的，對於溫室效應和地球暖化，比一般人還敏感。不久之前，為自己買了一部電動機車，當作代步的工具。率先為全家人的表率，為節能減碳盡自己的微薄之力，不僅節省加油的費用，也減少一些對空氣的汙染。

從此不管做什麼，先生都離不開電動機車。平時上下班以電動機車代步，放假時也以電動機車代步。只要在晚上定時充電，隔天就能生龍活虎上路。在電動機車行進的過程中，雙腳自然地踩動，也可當作健身運動，一舉數得。

在市區道路行駛時，遇到小巷子，先生的電動機車就能長驅直入，或是左鑽右鑽地開闢新路，像大海裡一條自由自在的魚，不像開汽車在巷子裡只會變成路障。而先生去大學校園散步時，因為大學校園可以騎電動機車，所以先生可以遊覽整個寬闊的校園，不像以前被擋在欄杆之外，走路進去，真是太方便了。

電動機車對環保有很大的益處，比如它不會發出噪音，使生活的環境變得更優質；它不必使用石油，減少許多的二氧化碳和空氣污染，還給地球清新的空氣；它能促進身體健康，腳踏車運動能同步進行；它讓生活不再匆忙，讓人們了解悠閒也可以融入日常生活之中。

假日時，先生騎著電動機車，載著一台遙控飛機，戴著一頂遮陽帽和一副太陽眼鏡，到大學去散心，那麼假日的休閒樂趣，就因此而豐沛起來。

八、回憶法

一、例如：以〈我終於成為園丁〉為例──「從年輕的時候，我就夢想成為一名園丁，曾經為家裡選購許多盆栽。剛開始總是認為牠們會一年四季常伴我左右，但是下場都因為不明原因的乾枯，以至於最後只剩下土壤和花盆。當我快要對家中盆栽的命運失去信心時，卻因為一株黃金葛而重燃希望。」

二、短評：筆者栽培盆栽以前都是失敗的經驗，忽然有一天，筆者領悟了植物的需要，而使植物欣欣向榮，這種遲來的成功，難道不值得大書特書？

三、回憶法：「從年輕的時候，我就夢想成為一名園丁。」

四、適用作文題目：「常常，我想起那雙手」，「一道傷痕的啟示」

範文

我終於成為園丁

從年輕的時候，我就夢想成為一名園丁，曾經為家裡選購許多盆栽。剛開始總是認為牠們會一年四季常伴我左右，但是下場都因為不明原因的乾枯，以至於最後只剩下土壤和花盆。當我快要對家中盆栽的命運失去信心時，卻因為一株黃金葛而重燃希望。

這一株葉片上有不規則金黃色或白色斑塊的黃金葛，以綠意盎然的姿態進駐我家的浴室，頓時浴室的空氣清新了起來。但是這一株黃金葛在沒有燈光的浴室忍耐了一段日子之後，又以迅速枯黃向我抗議，我怕又重覆以前的惡夢，趕緊送牠到走廊有陽光之處，可能是風水比較好的關係，牠又如往常一樣翠綠了。

有一天我發現，黃金葛的生存空間愈來愈狹窄，我忽然想過過做園丁的癮，我到大賣場買了一個大花盆，為牠做移栽的工作，搬到美輪美奐的新家。在地上鋪上一張報紙，從小花盆倒出黃金葛，土壤早已爬滿到處亂鑽的根，放入大花盆，再覆蓋新的沃土，女兒也在一旁跟前跟後地幫忙，並為牠澆水，等一切大功告成，我又剪下一小段枝葉，栽種在小花盆裡，準備下一次的繁殖。

我在種植黃金葛的過程中，終於得到心靈的滿足，目前家中已有兩大盆和兩小盆的黃金葛，相信不久的將來，一整個陽台都塞滿綠色觀賞植物，是可以期待的。我領悟到照顧植物和照顧小孩一樣，要無微不至。當牠枯萎時，要適時修剪；當牠需要喝水時給牠解渴；當牠需要陽光時，給牠足夠的曝曬。那麼牠就會以充沛的生命力來回報主人的用心。成為成功的園丁還很遠，但是我已踏出第一步。

我也從黃金葛身上學到生生不息的生命力，愈是艱難的環境，愈要活得有朝氣，一代接著一代，讓生命發光發熱。

九、設問法

一、例如：以〈控制上網全家無怨言〉為例──「我和先生的眼睛已經老花，而孩子還在就學階段，如何保護孩子的視力？先生是煞費苦心，除了買葉黃素給他們吃之外，就是在家裡採取『網路控制中心』的做法。」

二、短評：網路的世界是繽紛多彩的，先生為了避免三C產品傷害孩子的視力，所以採取『網路控制中心』的做法。雖然從此使用網路必須經過先生的同意，但是卻能讓孩子免於沉溺網路，不知自制，而傷害寶貴的視力。希望孩子也能體諒父母的苦心。

三、設問法：「孩子還在就學階段，如何保護孩子的視力？」

四、適用作文題目：「讓生命更豐美」，「我曾在痛苦中發現快樂」

範文

控制上網全家無怨言

我和先生的眼睛已經老花，而孩子還在就學階段，如何保護孩子的視力？先生是煞費苦心，除了買葉黃素給他們吃之外，就是在家裡採取「網路控制中心」的做法。

尤其暑假到了，孩子多出許多空閒的時間，使用電腦的機會相對增加。如何不讓孩子沉迷於網路？以致傷害視力健康和生活作息，不外乎靠著先生的網路控制中心，調節使用網路的時間和次數，如此家人才不會沉迷於網路世界，但是也不會與網路世界脫節。

我家使用網路的控制權在於先生，晚上開放給讀大學的兒子一小時的上網時間，如果要寫學校報告就另外多給時間。而我若是臨時要使用網路，剛好在樓上時，就打電話給樓下的他，通知他打開網路。如此循規蹈矩，是因為我還有一個即將升國中的女兒，隨時覬覦著網路，但是先生把上網當成她功課之餘的犒賞。

別以為給家人自由地使用網路才是愛家人，只有網路控制中心給予使用時間才是真正的愛家人。記得有一次週休二日晚上，先生準時十點關閉網路，這時兒子就下樓進臥室就寢；看 YOUTUBE 影片的我，發現眼睛有點乾澀，也把電腦關了；女兒也熄燈早早上床，沒有人發出抗議。如此和諧的夜晚，我家常常出現呢！

十、時間法

一、例如：以〈兒子不在家時〉為例——「兒子升上高中之後，參加的社團是天文社，天文社的學生很活躍，最近舉辦墾丁觀星之旅。兒子早就期盼這一次的旅行，能一窺夜空的奧妙。也是兒子升高中之後，第一次自己離家在外過夜。」

二、短評：筆者的兒子認為參加社團是一件有趣的事情，特別是最熱門的社團，他們的活動也最精采，兒子離家遠行的機會也變多了，他的生活充滿追尋的樂趣。這時的筆者要做什麼事呢？

三、時間法：「兒子升上高中之後」

四、適用作文題目：「我曾那樣追尋」

範文

兒子不在家時

兒子升上高中之後，參加的社團是天文社，天文社的學生很活躍，最近舉辦墾丁觀星之旅。兒子早就期盼這一次的旅行，能一窺夜空的奧妙。也是兒子升高中之後，第一次自己離家在外過夜。

兒子不在家時，頓時清閒起來，只好踱到兒子的書房，去發現兒子和以前有何不同之處？因為平時我忙著上班，他忙著上學，真正能坐下來好好談天的機會很少。況且高中課程大部分還是必須靠他自己負責，我正學習如何適度放手。

我在兒子的書房，一邊幫他整理房間，一邊發現許多有趣的地方，雖然髒亂依舊，想他回家罵他一罵，但是在一紙一屑之中，對兒子的成長了解得更透徹。

兒子的電腦老師派給他閱讀一篇文章的心得作業，我現在才從頭到尾看一遍，感受到一個家庭若有一個身心障礙的孩子，將衝擊著家庭的成員，及家人如何凝聚彼此的向心力，著實感人。國文老師也叫他寫一篇閱讀愛因斯坦傳記的心得，我也從字裡行間，看出兒子統整資料和駕馭文章的能力。

從桌面上的許多小紙條，發現兒子善用零碎時間，背單字、解釋的努力和用心；從考卷的分數高低，看出兒子科目的強或弱在哪裡？記得要他好好補救弱點；從老師的講義和補充資料看到老師的認真和負責；從天文社的行程表，看到兒子的旅途路線，讓我充滿美好的想像。

我也看到一張學校派給午餐股長的工作資料，其中有一項是「營養午餐桶要在午休前送到廚餘場，一學期有兩次遲到，負責搬運的人和午餐股長記一支警告」，好像一不小心就會得到一支警告。但是兒子卻甘之如飴，並且戰戰兢兢地完成老師交代的工作。

兒子不在家時，真的是了解兒子的難得時刻，畢竟了解成長變化非常快的的青少年，不一定都從言談之中來深入了解，有時幾張考卷、一堆紙條、一份報告和一趟旅行行程表都是了解兒子的最佳管道，日後也都是和兒子聊天的最好話題。

孩子不在家時，父母如果內心覺得空虛，不妨到孩子的書房去坐一坐。

總結

以上筆者以十種作文的開頭，教導學生觀察生活，並且善用各種修辭法和寫作方法來開頭，有引用法、譬喻法、對話法、排比法、名言俗諺法、成語法、誇飾法、原因法、回憶法、設問法、時間法。來教導國中生突破作文開頭的困境，希望幫助學生發現作文的技巧，在作文測驗中得到較高的級分。

這十種文章的開頭，除了以筆者的文章舉例詳細說明之外，還有筆者的短評，介紹文章寫作的動機；分析文章開頭的修辭法和寫作方法；並且列出一至二個適用此種方法的作文題目。讓學生能觸類旁通，舉一反三，文章的靈感自然源源不絕而來。

二、熟悉各類寫作方法

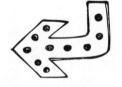

一、寫人法：親子對話

說明

用外貌來形容自己，比較膚淺，倒不如用個性來得貼切，而個性又必須由事件來襯托，不管是好的方面或是不好的方面都可寫。優點繼續保持下去，缺點可做為自己將來行事的警惕。最不可取的是，只是解釋字面的意義，或是舉古人的事例，完全和自己不相干，那麼選這個字一點意義也沒有。還有選一個自己希望達成的字，也是不符合題目。這些都是寫作時要注意的地方。

範文

親子對話

國三面臨升學考試在即的兒子，在我睡前跑來床前，問我一個作文題目：「用一個字形容自己」如何下筆？平時就忙著功課的兒子，很少機會和我聊天，我就和他來場作文對談。兒子說用「正」、「美」這兩個字如何？我贊成，畢竟很少人對自己的外型、五官有自信，兒子認為自己正又美，倒也不是壞事。我也介紹「帥」這個字。結果我們為了不讓國文老師覺得噁心，也就作罷了。

再來兒子又接連提出兩個字「懶」、「豬」，原來兒子在美麗的外表之下，藏著一個懶惰的個性。我提醒兒子作文的內容，最好歌功頌德、隱惡揚善為主，儘量多寫正面、積極的思想和看法，少寫負面、消極的事物，這樣文章才有激勵人心的效果。後來我回想兒子根本不做家事；臥室像豬窩；早上兩、三個鬧鐘吵不醒他。兒子說的「懶」、「豬」，不就是最佳的寫照？

我決定幫兒子選一個字：「文」，因為我從兒子小時就安排他學有關琴、棋、書、畫的才藝，目的就是希望兒子變成文質彬彬的文人，只要把學才藝變化氣質的過程披露出來，不就是最好的作文題材？兒子不同意，逼不得已只好請至聖先師孔子出來，列出一堆字「仁」、「儉」、「勤」、「孝」、「善」，兒子說：「我要選『仁』字，因為平時我都對同學很仁愛，況且又可和孔子媲美，有何不可？」隔天兒子從學校回來，兒子選了一個「讓」字，因為兒子認為自己在生活上以禮讓、謙讓來待人，也比較好下筆。這項作文課業總算圓滿交差。

在這一場親子對話的過程中，我秉持著提供意見的立場，決不干涉兒子的決定。而且也幫兒子看出自己個性上的優缺點，除了完成繳交作業，希望他能改進缺點，增加優點，這樣就不枉這一場親子對話了。

結構分析法

外貌	第一段	用一個字形容自己：正、美、帥。
缺點	第二段	用一個字形容自己：懶、豬。
優點	第三段	用一個字形容自己：文、仁、儉、勤、孝、善、讓。
結論	第四段	我秉持著提供意見的立場，決不干涉兒子的決定。

詞語和成語

一、五官：人面目上的耳、目、口、鼻等器官的總稱。如：「五官分明」、「五官清秀」。

二、作罷：不進行、取消。

三、歌功頌德：歌頌功績和恩德。語本史記•卷四•周本紀：「民皆歌樂之，頌其德。」或作「歌功誦德」。

四、隱惡揚善：隱藏他人的過失，宣揚他人的善行。

五、寫照：泛指一切事象的描寫。如：「日出而作，日入而息，正是田園生活的最佳寫照。」

六、文質彬彬：文采和實質均備，配合諧調。語出論語•雍也：「質勝文則野，文勝質則史。文質彬彬，然後君子。」後用以形容人舉止文雅有禮。

七、披露：發表、宣布、顯露出來。

八、逼不得已：被逼迫而不得不如此。如：「為了扶養弟妹，逼不得已只好輟學工作。」
九、媲美：美好的程度彼此相當。如：「小張的體格健壯，可以與運動員相媲美。」
十、交差：任務完成後，向相關人員報告。如：「當帳目核對無誤後，會計的工作就可以交差了。」
十一、秉持：操持、執守。如：「先人道統，應善自秉持。」
十二、不枉：不冤枉、沒有辜負。

修辭法

一、設問法：「用一個字形容自己」如何下筆？
「不就是最佳的寫照？」
「不就是最好的作文題材？」
「況且又可和孔子媲美，有何不可？」
二、映襯法：「兒子認為自己正又美，倒也不是壞事。」
「原來兒子在美麗的外表之下，藏著一個懶惰的個性。」
「希望他能改進缺點，增加優點。」
三、轉品法：「這樣就不枉這一場親子對話了。」

賞析

用一個字形容自己，看似很簡單，但是因為範圍太廣，隨便找一個字來寫，可能無法涵蓋一個全面的我。畢竟一個人的個性並非完美無缺，一定有優點和缺點，選缺點不如選優點來描寫，一方面寫來較順手，一方面增加自信心。畢竟尊重別人也要肯定自己，把自己的優點寫出來，讓自己肯定自己，是非常重要的一件事。

二、記事法：跨年之夜

說明

記事法寫作就是敘述一件事的來龍去脈，也就是一件事發生的原因、經過和結果。這篇範文是敘述筆者的兒子要去義大世界跨年這件事，美好的心情和痛苦的經驗他都嘗過。有一句話說：「人不輕狂枉少年」，雖然最後的結果很難過，但在回憶之中都是甜美的滋味。

範文

跨年之夜

民國一百年已來臨多時，但是民國九十九年的最後一天，卻是為人母的我最難忘的一天，因為兒子向我報備他要去義大世界跨年。去年他因為基測大考元旦要讀書，所以忍痛放棄。今年升上高一，有較多的時間，要親自去嚐一嚐與偶像一起跨年的滋味。

基於母性的光輝，我先找出一條圍巾和一雙毛襪要他戴上、穿上，接著給他足夠的零用錢，然後叮嚀他注意人身安全，他只穿上羽絨大衣就出門去了。為何我沒有跟在他的旁邊？因為基於多年前國慶煙火的經驗，我們曾陷在半路的車陣中動彈不得。而且我都一把老骨頭，已失去青春期的那股衝動。

當我正一邊吃零嘴，一邊在電視機前欣賞精彩的表演節目，在腦海中彷彿有一個男高中生，搭接駁車抵達表演現場，一下車就以小跑步的方式衝向舞台前方，佔據一個可以直視舞台的位置，融入五十萬的觀眾之中，跟著觀眾一起呼喊和揮舞雙手，體驗親臨現場的震撼感。在倒數計數的那一刻，感受雙雙對對互相祝福的幸福感，手機拍下璀璨煙火的男高中生，也來到生命的黃金時代。

跨過年之後，美好的事物和幸福畫面，濃濃地包圍著兒子。但是返家之途似乎遙不可及，站在長長的望不到尾巴的排隊隊伍中，兒子整夜站在風中，忍受攝氏十幾度的寒流侵襲。畢竟五十萬的人潮，光靠十幾輛的接駁車，一時之間也無法解決歸途之急。這一等等到早上五點，幸運搭上同學家長的車，終於在元旦早上六點回到家，雖然他說要再去參加元旦升旗，但是因為太累而作罷。

現在事隔多日，我問他跨年之夜如何？他回答說：「又冷、又累、雙腿又好酸，一點也不好玩，下次再也不去了。」我則是領悟為人父母之道，如果一味阻止孩子去冒險，孩子會另想其他發洩的管道。當我聽到兒子要去跨年的時候，我和先生都欣然同意，並且善盡父母告誡的責任，然後就放孩子出去體驗：除了欣賞美麗的煙火和心儀的偶像歌星唱歌之外，還有一些困難要去克服，包括耗時的等車、惡劣的氣候、酸疼的雙腳和愛睏的雙眼，兒子才會長大，不要只羨慕他人，美好事物似乎唾手可得，還要探討背後付出的辛苦代價。

結構分析法

原因	第一段	兒子向我報備他要去義大世界跨年。
經過	第二段	叮嚀他注意人身安全。
經過	第三段	跟著觀眾一起呼喊和揮舞雙手，體驗親臨現場的震撼感。
經過	第四段	返家之途似乎遙不可及。
結論	第五段	美好事物似乎唾手可得，還要探討背後付出的辛苦代價。

詞語和成語

一、報備：行事前向上級或有關主管單位呈報緣由。

二、叮嚀：囑咐。

三、「接駁」車：接連載運。如：「縱貫鐵路竹南段中斷了，鐵路局以巴士**接駁**旅客。」

四、璀璨：光明燦爛。

五、黃金時代：人生最得意的一段時期，多指青年時代。如：「現在正是你一生中的**黃金時代**，你應該好好把握！」

六、遙不可及：距離遙遠無法到達，不可希冀。如：「科技的發達，月球已不再是個**遙不可及**的地方了。」

七、發洩：放散出來。如：「唱唱歌可以**發洩**苦悶。」

修辭法

一、設問法：「為何我沒有跟在他的旁邊？」
「我問他跨年之夜如何？」

二、排比法：「一邊吃零嘴，一邊在電視機前欣賞精彩的表演節目」
「耗時的等車、惡劣的氣候、酸疼的雙腳和愛睏的雙眼」

三、轉化法：「美好的事物和幸福畫面，濃濃地包圍著兒子」

四、誇飾法：「是返家之途似乎遙不可及，站在長長的望不到尾巴的排隊隊伍中」

五、映襯法：「美好事物似乎唾手可得，還要探討背後付出的辛苦代價。」

三 成語的對與錯

一、動彈不得〈對〉→動慣不得〈錯〉

釋意：是說被人限制住，無法照自己的意思行動。形容人的行動受到限制。

出處：水滸傳第二十二回：「武松打到六、七十，那大蟲眼裡、口裡、鼻子裡多迸出鮮血來，更動彈不得。」

例句：「由於有把柄落在他手中，只好任他擺布，絲毫動彈不得。」「由於他給車子撞傷了腳，所以雙腳動彈不得，只能躺在床上。」

二、唾手可得〈對〉→垂手可得〈錯〉

釋意：唾手，往手上吐唾沫。唾手可得比喻容易得到。亦作「唾手可取」。

出處：《後漢書．公孫瓚傳》李賢注引《九州春秋》曰：「始天下兵起，我謂唾掌而決。」

三國演義●第七回：「韓馥無謀之輩，必請將軍領州事；就中取事，唾手可得。」文明小史．第四十一回：「以為這學堂教習一事唾手可得，那知回家數月，到處求人，只因未曾走這康太守的門路，所以一直未就。」

例句：「優異的學習成績，決非唾手可得，必須付出艱苦的努力才能獲得。」

「這次的比賽本來是唾手可得的，卻因少數人的不合作而功敗垂成。」

賞析

青少年有一股衝動想做一件事時，往往無法以道理來說服他放棄，只好叮嚀加上囑咐，父母才放心讓他去單飛。經過這次跨年的洗禮，他終於體會什麼叫做「跨年」的滋味？也知道父母的擔心與用心良苦。這件事讓兒子明瞭以後做任何事，都要為自己的行為負責到底。

三、寫物法：動態共學親子行

說明

寫物法的寫作對象有：動物、植物、一般物品、建築物等。這篇文章是因為一張學習單而有感而發，是屬於一般物品的寫作。結構方面有：學習單的來歷、學習單的充實、學習單的用途、學習單的功能、對學習單的感情。以前學校的學習單都是靜態的，忽然出現一張動態的學習單，老師需要多大的勇氣，特別是來自家長的壓力。但這是教學的突破，家長要多加支持，在能力範圍之內，不必花費太多的金錢，活動範圍在自己的家鄉，可以輕而易舉如願達成，那麼這張學習單才有它存在的意義。

範文

動態共學親子行

假期前，女兒的導師發下一張學習單。這張學習單與以往靜態的學習單不一樣，主題是「家鄉一日遊」，是老師派給家長的戶外教學作業，這代表我們非得陪女兒出遊一趟不可。家鄉市區有一場昆蟲的博覽會，我們和女兒決定以它為目標。

出發前一晚，我先帶女兒去書局買了三張門票。隨後先生提議一大早出發，以避開人潮，免得人擠人。一早進入會場，逛起來果然感覺寬闊許多，我們人手一臺相機，深怕遺露了珍貴的生態畫面。現場還有許多工作人員，協助我們近距離觀察昆蟲，解答對昆蟲的疑惑，這使女兒比起以前更不怕昆蟲了。

回到家之後，女兒按照學習單的項目逐一填寫：「出發日期：○月○日。旅遊成員：爸爸、媽媽和我。搭乘工具：開車。預計花費每人門票：二百九十元。午餐方式：到百貨公司美食區吃東西。攜帶物品：相機、禦寒衣物和水壺。」填寫完之後，最重要的是，黏貼各類昆蟲的照片，為家鄉一日遊留下美麗的見證。

這一次老師出的功課，是鼓勵親子出遊、一同了解家鄉環境的動態的學習單，透過提問設計，讓孩子了解策畫一趟一日遊必須思考的事；如果沒有預購門票，就得耗費時間排隊，無法爭取較多入內參觀的時間。在消費金額方面，我們該花則花，該省則省，可以培養女兒理財規畫的觀念。至於攜帶的物品，使她了解要視天候狀況，以及參觀內容設想。另外，在現場，主辦單位提供的學習單，也讓女兒增加不少寶貴的知識，對昆蟲留下深刻印象。

平時家人各自忙碌，沒有好好關心彼此，這一張學習單，給了家人心靈交流，凝聚親子向心力的機會。趁著這次機會，一家人全力以赴，完成各自的功課。如果說，這張學習單充滿了親子共學的愛心，你同意嗎？

結構分析法

原因	第一段	學習單的來歷：導師發下一張「家鄉一日遊」學習單
經過	第二段	學習單的充實：實地參觀家鄉的昆蟲博覽會
經過	第三段	學習單的用途：女兒按照學習單的項目逐一填寫
經過	第四段	學習單的功能：讓孩子了解策畫一趟一日遊必須思考的事
結論	第五段	對學習單的感情：充滿了親子共學的愛心

詞語和成語

一、博覽會：廣集各式工商產品，陳列展覽，藉以促進文化交流，工商繁榮、進步的展覽會。如：「萬國博覽會」。

二、禦寒：抵禦寒氣。

三、策畫：計劃。

四、見證：當場目睹可以作證的人，或可以作為證據的物品。老殘遊記•第十八回：「還沒有吃，就出了這件案子，說是月餅有毒，所以就沒敢再吃，留著做個見證。」

五、預購：事先訂購或購買。如：「預購材料」。

六、耗費：消耗浪費。如：「耗費時日」。

七、凝聚：凝結聚集。

修辭法

一、譬喻法：「黏貼各類昆蟲的照片，為家鄉一日遊留下美麗的見證。」
二、排比法：「該花則花，該省則省」
三、類疊法：「沒有好好關心彼此」
四、轉化法：「這張學習單充滿了親子共學的愛心」

賞析

一張戶外教學的學習單，可以捏造，也可以腳踏實地去填寫。選擇前者，或許十分鐘就能完成，但是孩子一無所獲；選擇後者，親子花費的精神和體力較多，但是卻是收穫滿行囊，不只孩子寓教於樂，家長也完成教養孩子的責任。最可貴的是增加親子之情的深度。沒有任何親子關係，不必用心去經營，就能開花結果。讓我們從小事做起，在孩子心中留下美好的親子相聚的回憶。

四、記遊法：GPS帶我們去旅行

說明

記遊的寫作應該包括四個部分，記事、敘事、寫景、感想。有一句話說：「靜中有動，動中有靜」，靜就是記事，動就是敘事。而空間的部分就是寫景，可以按遊玩的先後順序來描寫；或是方位的改變，由遠而近，由近而遠。最後是旅程中的見聞所引發的感想。所以下面這篇範文的第一段，寫旅遊原因屬記事；第二、三段包括記事、敘事、寫景；第四段則是此行的心得感想。

GPS解決人們旅行遇到的問題，以前地圖是靜態的，對不會看地圖的人來說無法分別方向，還是無用武之地。現在GPS是動態的，總會不斷提醒駕駛下一個路口轉彎或直走，不必為了看地圖把汽車停在路邊，省了許多寶貴的時間。

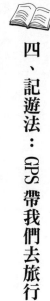

範文

GPS帶我們去旅行

先生最近為了遠方旅遊方便，添購一台衛星導航系統，指引曾經在大街小巷迷途的自家車一個正確的方向。為了測試這套儀器的神話功能，我們就以附近的城鎮為標地，展開 GPS 之旅。

早上先生載著我和女兒先到文化中心的草坪，練一練樂器。時至中午，準備找間餐廳用餐，詢問 GPS，告訴我們的都是火鍋店和羊肉店。我們已厭倦重口味，為了迎合女兒的喜好，我們點了「六福村餐廳」這個耳熟能詳的名稱。在 GPS 的指引下，我們左彎右拐，行經幾條未曾耳聞的街道，終於柳暗花明，原來這家餐廳是將台鐵普通號列車車廂改裝成餐廳。曾經在鐵道上奔馳的火車誤闖此地，從此落地生根，不再奔波，反而是遠方的遊客來拜訪它。我們在車廂裡品嘗炒高麗菜、山藥紅棗湯、炸豆腐等餐點，順便緬懷一下火車過去行駛過的歲月。

這是 GPS 送給我家的一份大禮物。

齒頰留香之餘，換另一個行程，想參觀附近的遊樂景點。GPS 告訴大家長，附近有一座「台灣滷味博物館」，對此景點，我們驚喜不已，因為此博物館才開館不久，我們就能夠親自造訪，何其幸運。在 GPS 語音指示下，很快抵達大門口，跟著一批批遊覽車的觀光客入內參觀，聽取簡報，選購滷味名產，有鐵蛋、豆乾……等，豐收而歸。我們一邊吃著滷味，一邊聽取台灣滷味奮鬥成功的過程，而他們的員工大都是單親或是二度就業，無形中也幫助了許多家庭，這也是這家企業成功的原因之一。

第一次試用 GPS，就讓家人不虛此行。以前為了找目的地，總要麻煩許多陌生人，停下他們手邊的工作，來回答我們突然拋出的路名。如今 GPS 幫我們省去問路的麻煩，從此「路是長在嘴巴上的」這句話，在我家已不適用，應該改成「路是問 GPS 就可以暢行無阻」，拜科技之賜，今後我們的旅遊可是多了一位有力的助手呢！

結構分析法

原因	第一段	旅遊原因：為了測試這套儀器的神話功能
經過	第二段	記事：為了用餐，點了「六福村餐廳」這個耳熟能詳的名稱 敘事：我們左彎右拐，行經幾條未曾耳聞的街道，終於柳暗花明 寫景：這家餐廳是將台鐵普通號列車車廂改裝成餐廳
經過	第三段	記事：想參觀附近的遊樂景點—點了「台灣滷味博物館」 敘事：跟著一批批遊覽車的觀光客入內參觀，聽取簡報，選購滷味名產，有鐵蛋、豆乾……等， 寫景：我們一邊吃著滷味，一邊聽取台灣滷味奮鬥成功的過程
結論	第四段	心得感想：GPS 幫我們省去問路的麻煩

詞語和成語

一、神話：關於天地的初創、神靈的奇蹟，以及說明風俗習慣、儀禮和信仰的起源與意義的故事。多為先民對古代自然現象和社會生活的一種天真解釋和美麗的嚮往，富有浪漫主義的精神。

二、耳熟能詳：聽得非常熟悉，以致能詳盡的說出來。

三、柳暗花明：比喻在曲折艱辛之後，忽然絕處逢生，另有一番情景。

四、落地生根：比喻遷移他鄉長期定居的情形。如：「這個村子民風淳樸，他正打算在此住下，落地生根。」

五、緬懷：遙想。

六、齒頰留香：形容食物味道鮮美，令人回味無窮。如：「張家的牛肉麵湯頭道地，只喝一口便覺齒頰留香。」

七、簡報：會同各方面資料所作的簡明報告，通常為機關團體對上級視察或外賓參觀時使用。

八、不虛此行：表示某種行動的結果令人滿意。如：「這趟雖遠從美國趕回來，但能再見你一面，就已經算是不虛此行了。」

修辭法

一、轉化法：「添購一台衛星導航系統，指引曾經在大街小巷迷途的自家車一個正確的方向。」

「詢問 GPS，告訴我們的都是火鍋店和羊肉店。」
「這是 GPS 送給我家的一份大禮物。」
「今後我們的旅遊可是多了一位有力的助手呢！」

二、映襯法：「曾經在鐵道上奔馳的火車誤闖此地，從此落地生根，不再奔波，反而是遠方的遊客來拜訪它。」

三、類疊法：「我們一邊吃著滷味，一邊聽取台灣滷味奮鬥成功的過程。」

四、引用法：「路是長在嘴巴上的。」

賞析

在台灣的土地上，有許多不為人知，卻饒有趣味的景點，只是我們不得其門而入。當住家附近的景點，已經造訪多次，失去新鮮感。何不擴大範圍？由鄰近的鄉鎮造訪起。但是隔個鄉鎮就像出國一樣，人生地不熟，如何玩起？所以我們家就交由 GPS，帶我前往各地風景區，或者朋友介紹的名勝古蹟，而且絕不會迷路。

五、順敘法：女兒學游泳

說明

順敘法就是把事情發生的原因、經過、結果詳細地描述出來，按照時間發生的先後來敘述。本文就是敘述女兒學游泳由不會到會的整個過程，進而領悟出企圖心在學習上是非常重要的條件。

範文

女兒學游泳

女兒已升上小四，過去她做事比較被動，往往要三催四請，才不甘願的開始行動。但自從暑假參加游泳課後，態度有了一百八十度的轉變……。

上課時間還沒到，她就先把泳衣和泳褲穿在衣服裡面，把泳帽、梳子、沐浴乳等用具收進袋子裡，確定帶了上課證後，就催我早一點出門，她說想爭取多一點時間練習。下課時間到了，她要晚一點回家，因為她想複習教練當天教的內容。

有一次，請假兩節課，她紅著眼睛，為無法出席而難過。這樣自動自發、自我督促的成績果然很驚人，當教練說她可以游完二十五公尺不算短的距離時，我們都不敢置信。

檢定那天，我和先生特地到游泳池畔探望。先生以錄影機捕捉女兒的泳姿，只見女兒姿勢標準，在教練的前導下，獨自游完二十幾公尺。女兒本來是個把頭埋進水中都會害怕的「旱鴨子」，這天居然可以獨自游完規定的距離，著實令人感到不可思議。除了讚嘆教練的教學成功外，我們也為女兒得到海龜級的證書而高興。

這次，女兒的自我要求很高，不用父母督促，就展開更積極練習，這讓我領悟到，最好的學習效果來自孩子自發的企圖心。

結構分析法

原因	第一段	女兒參加游泳課之後，學習態度變好
經過	第二段	不管上課前或下課後，想多爭取練習的時間
經過	第三段	捨不得請假的後果，是能游自由式二十五公尺
經過	第四段	父母眼見為憑、錄影存證，為女兒的努力做見證
結論	第五段	最好的學習效果來自孩子自發的企圖心

詞語和成語

一、三催四請：屢次的催請。如：「我親自跑了好幾趟，三催四請，他仍然不願來。」

二、不敢「置信」：相信。如：「這件事情令人難以置信。」

三、不可思議：無法想像，難以理解。含有神祕奧妙，出乎常情之意。老殘遊記・三回：「此人名震一時，恐將來果報也在不可思議之列！」

修辭法

一、映襯法：「女兒已升上小四，過去她做事比較被動，往往要三催四請，才不甘願的開始行動。但自從暑假參加游泳課後，態度有了一百八十度的轉變……。」

二、誇飾法：「態度有了一百八十度的轉變……。」

三、借代法：「女兒本來是個把頭埋進水中都會害怕的『旱鴨子』。」

四、轉化法：「先生以錄影機捕捉女兒的泳姿。」

賞析

女兒學游泳，筆者並沒有抱著任何目的，或是給孩子任何的壓力。但是隨著時間的過去，教練會派一些功課給女兒，或是告訴女兒檢定的日子將至。於是女兒對自我的要求也就水漲船高。為了不讓父母和教練失望，所以女兒的企圖心特別強，早出晚歸，終於完成任務，不得不對她刮目相看。

六、倒敘法：我和女兒樂在書法

說明

所謂的「倒敘法」就是在文章的第一段，先寫出事情的結果，接著再寫事情的原因、經過、結論。這樣就會有一種懸疑的效果，引起讀者繼續閱讀下去的好奇心。

就像範文所敘，女兒參加比賽得獎是結果，而讀者一定想要探究女兒學書法的原因、經過、結論是如何？原來是成就感和家長的激勵促成的。

範文

我和女兒樂在書法

女兒從書法教室下課，面露喜色說：「媽媽，妳知道我上次參加書法比賽得獎了嗎？」我心中竊喜，一定是得獎才會有此一問。女兒不等我回答就說：「是佳作耶！」我也驚訝於評審老師的眼光，畢竟作品上有一個字的位置寫錯，可見評審老師有獨特的看法。

猶記得女兒剛開始學書法時，總是意興闌珊，要我三催四請。可能她還未領悟到寫書法的樂趣。有一次上課之前她大發脾氣，說她不想再學，我只好婉言規勸她。直到她第一次得到獎狀，剛好得獎作品集結成冊。回家之後，拿著作品集，在臥室裡反覆翻閱、愛不釋手，才激起她學書法的興趣，我想學才藝最需要的是一種成就感。

每次身為家長的我，總是叫女兒去寫書法，我自己也不能偷懶。由於大學曾受過書法的薰陶，於是我也拿起毛筆，煞有介事地練起書法，女兒看我勤於練習，她說要和我比賽。現在她已經得到第二張獎狀，女兒是主角，我則是負責激勵女兒的配角，和為生活增添一點情趣。從此女兒學書法漸入佳境，不再排斥書法，而是愛上書法。

這學期剛開學時，她送一副最得意的作品春聯給導師，導師才發現她在學書法，就試著問她要不要參加學校的比賽？她也勉為其難地答應，並且在賽前認真地練習。我看到她的態度日漸積極，我的內心覺得欣慰極了。

有時孩子學才藝的過程中，難免遇到瓶頸。這時老師適時地給予比賽的機會，能激發她的鬥志；而家長也不能用旁觀者的態度，事不關己地看待，而是家長也試著去學才藝，體會個中的辛苦，讓孩子知道家長站在她這邊。孩子看到家長這麼投入，孩子也會有樣學樣，做事更加認真仔細。所以聰明的家長和孩子一起學才藝吧！家長以身作則，孩子都看在眼裡；家長的參與，能堅定孩子的自信心，更有毅力去克服所遇到的困難。

結構分析法

結果	第一段	女兒參加書法比賽得獎。

經過	第二段	女兒剛開始排斥學書法。
經過	第三段	我和女兒比賽學書法，激勵女兒學書法的動機。
經過	第四段	女兒參加學校的比賽，態度日漸積極。
結論	第五段	我讓女兒知道我站在她這邊。

詞語和成語

一、竊喜：暗自高興。如：「獲知自己即將升遷的消息後，他表面上裝得一點也不在乎，心中則竊喜不已。」

二、意興闌珊：形容興致極為低落。

三、三催四請：屢次的催請。如：「我親自跑了好幾趟，三催四請，他仍然不願來。」

四、婉言：委婉的言詞。

五、集結：聚集、集合。

六、愛不釋手：喜歡得捨不得放手。

七、薰陶：因長期接觸某人、某事，而使人在生活習慣、思想行為、品行學問等方面，逐漸得到好的影響。

八、煞有介事：真有這麼一回事似的。

九、漸入佳境：比喻環境逐漸好轉或趣味漸濃。

十、勉為其難：雖然在事實上有所困難，但仍努力去做。如：「為了不讓家人失望，所以他勉為其難的接受了這件事情。」

十一、瓶頸：本指瓶口下方細長似頸的部分，後引申在任何工作中所遭遇的阻礙，以致影響事物的順暢。如：「工業瓶頸」、「交通瓶頸」。

十二、事不關己：比喻不管別人的事。

十三、個中：此中，這裡面。

十四、有樣學樣：仿照既有的模式行事。如：「看到媽媽化妝，小女孩也有樣學樣的在一旁塗塗抹抹。」

十五、以身作則：用自己的言行作為他人的榜樣。如：「為人父母者應以身作則，千萬不能口裡說的是一套，做的又是另一套。」

修辭法

一、設問法：「媽媽，妳知道我上次參加書法比賽得獎了嗎？」「就試著問她要不要參加學校的比賽？」

二、誇飾法：「總是意興闌珊，要我三催四請。」

三、映襯法：「女兒是主角，我則是負責激勵女兒的配角」

「從此女兒學書法漸入佳境，不再排斥書法，而是愛上書法。」

四、類疊法：「家長以身作則，孩子都看在眼裡；家長的參與，能堅定孩子的自信心」

賞析

女兒自從比賽得獎之後，就會按時寫書法功課；上課時間一到，自己就準備好用具，催我載她去上課，她想找到一個好位置專心寫書法。她把寫過的詩詞都記在腦中，無形中增加不少文學素養，畢竟一首詩詞寫過好幾十遍，不會熟記在心是不可能的，所以我也跟著女兒背背詩詞，看誰記得牢。我沒想到跟著女兒學書法有這麼多的樂趣，也重拾大學時寫書法的美好回憶。

七、插敘法：化身玩伴

說明

所謂的「插敘法」是在敘述的過程之中，暫停一下，插進另一件相關的事情，能讓讀者更了解整個故事的發展。

範文的第二段，先插進女兒會自己盪秋千的情節，讓讀者認識女兒的身分和性情，屬於國小階段的年齡，是達成一件小事就容易心滿意足的個性。進而鋪陳一場親子捉迷藏，一樣能大大滿足她的心靈需求。

使用「插敘法」要符合主旨的要求，注意事項是不蔓不枝，不搶奪主旨的光彩。因為筆者曾經陪女兒盪秋千，所以符合主旨的要求，不會反客為主。

範文

化身玩伴

女兒上完才藝班的夜晚，約她到公園走一走。一來親子放鬆一下，二來化身為女兒玩伴，去感受孩子的純真與美好。

我們去盪秋千，女兒說她自己會盪了。以前總要人推著，秋千才會動起來；現在她學會了，眉宇間洋溢著成長的喜悅，一點小事，就使她大大的滿足。

接著，玩捉迷藏。我先當鬼，數到五十開始捉人。我雖然瞥見她躲在鐵椅下，卻故意在旁繞了兩圈，假裝沒有找到，並喃喃著：「到底躲在哪裡？」後來，她出來「投案」，並抗議：「你故意找不到，其實早已看到了吧！」

換她當鬼時，我躺在溜滑梯的滑道裡，仰望星空。她故意從溜滑梯溜下，不費吹灰之力逮到我。公園真的是無藏身之地，雖然努力找遮蔽物，不管是躲在樹幹或是大石頭後，還是容易暴露行蹤。

短短半個小時，在追逐與躲藏中，我們的身心都獲得紓解了；女兒開懷的笑，把才藝學習的壓力釋放出來；我當女兒的玩伴，也跟著敞開心胸，為她的心理健康做小小的補償。

結構分析法

原因	第一段	為感受兒童的純真和美好
經過	第二段	女兒發覺她會盪秋千的喜悅和滿足
經過	第三、四段	和女兒玩捉迷藏的過程
結論	第五段	釋放學習才藝的壓力

詞語和成語

一、化身：變換身形。如：「孫悟空擁有七十二種變化的法力，能化身為各種人物。」
二、眉宇：眉額之間。因面有眉額，似屋舍有檐宇，故稱為「眉宇」。後泛指容貌。
三、洋溢：水滿溢貌
四、瞥見：一眼看見。
五、投案：犯法的人主動到警察局說明犯罪的過程，並聽候審判。如：「這件刑案的疑點，在他投案說明後，已經真相大白。」
六、不費吹灰之力：比喻事情輕而易舉，連吹灰般微小力量都可不必花費。
七、藏身：藏匿、安身。如：「藏身之所」、「大家守望相助，盜賊自然無處藏身。」
八、紓解：解除。如：「這場及時雨，正好紓解了旱象。」

修辭法

一、譬喻法：「化身為女兒玩伴，去感受孩子的純真與美好。」
二、映襯法：「一點小事，就使她大大的滿足。」
三、類疊法：並喃喃著：「到底躲在哪裡？」
四、引用法：她出來「投案」

五、誇飾法：「不費吹灰之力逮到我。」

賞析

我們總是在兒童節才想到讓兒童快樂，何不在平時就讓兒童多一點生活的樂趣？本文就是筆者和女兒玩捉迷藏的樂趣，不僅在女兒心中種下快樂的種子，大人也有第二個童年，就是和女兒在一起玩的童年。玩捉迷藏，沒有花錢買玩具的壓力，有的是歡樂的回憶；釋放學習才藝的壓力，抒展全身的筋骨，增進親子之間不少的感情。

八、擬人法：便當盒的自述

說明

擬人法就是把動物、植物和沒有生命的東西當作人類來看待，使他們具有人類的喜、怒、哀、樂的修辭法。這篇範文就是把這個沒有生命的便當盒，變成充滿思想、感情和行動的栩栩如生的人類。所以便當盒不再冷冰冰的，令人有親切的感覺，文章也顯得活潑生動，富有趣味。擬人法寫作常用第一人稱「我」開頭，所以這篇範文從頭到尾的句子以「我」開頭，就是判斷文章是否使用擬人法寫作最好的方法？

範文

便當盒的自述

我是一個圓形的便當盒，不繡鋼的材質，我的搭檔是一根湯匙。我的小主人天天把我裝在一個紅色的袋子，帶到學校去。營養午餐時間一到，我就隆重登場，為主人盛滿飯、菜和湯，我是小主人的好幫手。

有一天，小主人忘了把我帶到學校，小主人的媽媽發現了，趕緊跑回家找我。等我被帶到學校給粗心的小主人，我發現小主人的眼眶紅了，眼淚差一點掉了下來。原來小主人以為媽媽一去不回，小主人中午無法用餐就會餓肚子，心裡難過得不得了。我感到我的責任非常重大，希望小主人不要再把我忘在家裡。

午餐時間一到，我看到小主人很守規矩，打好飯菜，坐在座位上，安靜地享用午飯。因為小主人有時會把飯粒掉到桌上，我希望小主人能有良好的飲食習慣，畢竟「誰知盤中飧，粒粒皆辛苦？」，小主人要體會農人的辛苦，不浪費食物。

我看到小主人的營養午餐，均衡營養，是由學校營養師所特別調配的菜單，而且費用非常低廉，我就為小主人高興，因為政府在照顧小學生的健康方面不遺餘力，也是希望小學生將來能茁壯成長，成為社會的棟樑。

後來我就常常陪著小主人，感到非常的榮幸。因為我的存在，就可以減少保麗龍碗的使用；因為我的夥伴湯匙的存在，就能避免免洗筷的濫用。對地球的環境保護貢獻良多。而且我們可以一再重覆使用，真是一舉數得。

現在的我仍然持續地為主人服務，小主人在品嚐午餐之餘，進而為地球盡一分心力，小主人就有一顆環保的心。雖然我的個子矮小，但是肩膀卻扛著重責大任呢！

結構分析法

事件一	第一段	便當盒是是小主人的好幫手。
事件二	第二段	小主人把便當盒忘在家裡。
事件三	第三段	便當盒希望小主人要體會農人的辛苦，不浪費食物。
事件四	第四段	便當盒發現政府在照顧小學生的健康方面不遺餘力。
事件五	第五段	便當盒對地球的環境保護貢獻良多。
結論	第六段	便當盒希望小主人有一顆環保的心。

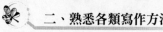

詞語和成語

一、搭檔：伙伴。如：「他是工作上的好**搭檔**。」
二、登場：登臨舞臺。引申為上場。
三、誰知盤中「飧」：煮熟的飯菜。如：「誰知盤中**飧**，粒粒皆辛苦。」
四、不遺餘力：毫不保留，竭盡全力。
五、棟梁：比喻擔負國家重責大任的人。
六、保麗龍：一種塑膠產品。為英語 Polystyrene 的音譯。將聚苯乙烯加入發泡劑，即成固體的泡棉，稱為「**保麗龍**」。可廣泛作為包裝、隔熱及保冷等材料。或作「保利龍」、「普利龍」。
七、濫用：胡亂的過度使用。如：「**濫用**公款」、「**濫用**職權」。

修辭法

一、擬人法：「我是一個圓形的便當盒。」
二、譬喻法：「我是小主人的好幫手。」
三、引用法：「誰知盤中飧，粒粒皆辛苦？」
四、排比法：「因為我的存在，就可以減少保麗龍碗的使用；因為我的夥伴湯匙的存在，就能避免免洗筷的濫用。」

五、映襯法：「雖然我的個子矮小，但是肩膀卻扛著重責大任呢！」

賞析

這篇範文是因為筆者女兒有一次忘記帶便當盒去學校，而引起我想創作一篇和擬人法有關的文章。文章中的便當盒因為擬人法的使用，彷彿瞬間有了生命，並且體會自己對地球肩負著重大的責任，也希望影響小主人擁有一顆環保的心，所以便當盒因為擁有偉大的人格和志向，他不再是微不足道，而是舉足輕重的角色了。

九、總分法：媽媽的助理

說明

所謂總分法是在第一段先介紹主旨思想叫「總說」，其餘各段再分別闡釋主旨思想叫「分述」。這篇文章採用總分法中的先總後分再總的方式來寫作，第一段總括說明讓孩子成為媽媽的助理，是做家事的好方法。第二、三、四段分別敘述助理的工作內容。結論說明如果孩子成為媽媽家事的助理之後，會成長更快。

範文

媽媽的助理

平時家裡有許多家事要做，第一人選就是媽媽，如果由媽媽全包的話，媽媽一定覺得很辛苦。但是如果媽媽全部叫孩子去做家事，又好像媽媽為了偷閒，孩子心裡定然覺得委屈。於是我想到一個點子，就是把孩子變成媽媽的助理。

黃昏時，我從菜市場拎著大包小包的蔬菜、鮮肉和水果回家，小四的女兒就預約了洗滌的工作，我先把菜切好，女兒就開始一道一道地清洗，我則準備鍋、油、罐子、調味料，等她清洗完畢，我再逐一烹煮。有時我也教教女兒如何切菜？將來有機會就會把她高升到主廚的位置。

晚餐後，我在晾衣服時，女兒站在小椅子上，幫我把洗好的衣物一件一件拿出來，交給我，披在衣架，掛在衣繩上。等她長高一些，或許就換我拿衣物給她晾。這時我們就聊聊學校裡的事，一幅幸福的母女共事圖就出現在我家陽台上。

假日有空，我在做拼布縫紉時，女兒也在一旁有樣學樣，跟我要一塊不要的布，要幫枕頭 枕頭套。我叫她幫我拿剪刀、拿車線、拿記號筆……等，她都能滿足我的要求。有時她拿著針線出現在我眼前，說她不會打結，我只好停下手邊的工作，教她如何打結？有時她對我的作品適時提出寶貴的意見，讓我有機會修改錯誤的地方，這時的她就由助理變成我的良師。

讓女兒成為媽媽家事的好幫手，因為女兒在和媽媽做事的過程之中，會學到學校沒教的做事能力。我相信女兒的做事能力會愈來愈強，我也減少許多獨攬家事的抱怨。所以希望有掌上明珠的家長，把女兒納入家事的助理，不只女兒成長不少，母女也開心。

結構分析法

總說	第一段	媽媽在做家事的過程中，領悟到把女兒變成助理
分述	第二段	女兒是烹飪時的助理
分述	第三段	女兒是晾衣服時的助理
分述	第四段	女兒是縫紉時的助理
結論	第五段	女兒當助理之後成長不少

詞語和成語

一、助理：協助辦理事務的人。如：「你的助理告訴我，在這裡可以找到你。」
二、拎著：提。如：「媽媽拎著菜籃上市場。」
三、洗滌：洗除汙穢。
四、獨攬：一人獨自把持一切。如：「他獨攬了整個公司的人事，連經理也沒法子做調度。」
五、掌上明珠：捧在手掌上的一顆珍貴明珠。比喻極受寵愛珍視的人。多指愛女。
六、共事：共同在一起做事。
七、預約：事先約定。
八、有樣學樣：仿照既有的模式行事。如：「看到媽媽化妝，小女孩也有樣學樣的在一旁塗塗抹抹。」

修辭法

一、類疊法：「女兒就開始一道一道地清洗」
「幫我把洗好的衣物一件一件拿出來」
二、排比法：「披在衣架，掛在衣繩上」
「有時她拿著針線出現在我眼前，說她不會打結，我只好停下手邊的工作，教她如何打結？有時她對我的作品適時提出寶貴的意見，讓我有機會修改錯誤的地方，這時的她就由助理變成我的良師。」

三、轉化法：「一幅幸福的母女共事圖就出現在我家陽台上。」

四、譬喻法：「所以希望有掌上明珠的家長」「就是把孩子變成媽媽的助理。」

賞析

孩子在長大的過程中，都會把父母當成學習的對象。所以日常生活中父母的所作所為，孩子大多看在眼底。既然父母是孩子第一個學習的對象，那麼讓孩子在父母的教導之下，更快學會做事的方法，不是更好嗎？如果父母只是獨攬家事，孩子只會更懶散而已。如果父母教會孩子做家事，當孩子在外獨立生活時，就能把自己的日常生活照顧好。

十、舉例法：親子學英文

說明

所謂的舉例法寫作就是舉出古今中外的具體例子，如故事例、實例、物例和親身實例，為自己提出來的理論，給予有力的佐證，進而增加文章的說服力

在這篇文章開頭，作者碰到一個棘手的問題，就是她的小女兒不想學英文，而英文在現代社會又不可或缺，作者如何解決呢？

為了鼓勵她的女兒，作者舉出第一段的「故事例」，虛構兩個大學畢業生求職的經驗，讓她的女兒體會英文在求職時的重要性。

作者舉出第二段的「實例」，一位旅遊作家因為語言不通而受挫的例子，這是真實的人物發生的真實的經歷，讓她的女兒能感同身受，發現英文在旅遊時的重要性。

作者舉出第三段的「親身實例」，學習英文可以充滿許多樂趣，作者和女兒趣味競賽，讓她的女兒用有趣的學習策略來學英文，一定事半功倍。啟發她的女兒對學習英文有濃厚興趣的重要性。

結論再就前面所敘來簡略說明，為了容易找工作、旅遊方便和以遊戲方式增加學英文的樂趣，希望女兒不再排斥學英文。

範文

親子學英文

這天，女兒睡前吵著說不想上英文才藝班。以前，在她上完課後，我會給獎品當獎勵，但是現在，她已失去新鮮感。我或許該換個方式，曉以大義。

我對女兒說：「有兩個條件差不多的大學畢業生求職，一個英文能力強，一個英文不好，你若是老板，會選哪一個？」當然是英文能力好的人勝出。我又說明，英文是國際語言，未來若有機會被外派，有外語能力的就比較吃香。

我想起了一個故事，有個作家到巴黎旅遊期間，因為和美髮師溝通不良，結果被剪成三分頭，覺得很遺憾。趁這個機會，我告訴女兒這個作者的旅遊經驗，並說：「多學一種語言，在旅遊時，或許能派上用場，和美髮師好好溝通，以免被剃成光頭。」

光是勉勵女兒學英文還不夠，身為家長的我也得努力學習，一次，我發現女兒唸對話不夠流暢，所以找她比賽，念讀秒數少的人獲勝。女兒一邊按計時器，一邊練習，後來比賽，她果真念得又快又流利，也發現學英文會話的樂趣。我覺得，如果家長對英文能表現出濃厚的興趣，孩子也會仿傚。

為了鼓勵女兒學英文，我可說是絞盡腦汁；除了以將來工作的優劣勢來分析；也引用不少在國外語言不通而受挫的實例來激勵她；還設計趣味競賽，跟她玩遊戲。說穿了，要孩子學好英文，可不是送家長送她進才藝班，繳了學費，就功成身退了呀！

結構分析法

問題	第一段	女兒不想上英文才藝班，媽媽想辦法補救
方法	第二段	故事例：虛構兩個年輕人的能力
方法	第三段	實例：旅遊作家因為語言不通而受挫
方法	第四段	親身實例：和女兒做一場英文趣味競賽
結論	第五段	為了容易找工作、旅遊和興趣而學好英文

詞語和成語

一、曉以大義：用正義道理告訴、啟悟他人。如：「經過我曉以大義，他終於痛改前非！」

二、剃成：除去，多指削掉毛髮。如：「剃頭」、「剃髮」、「剃鬍子」。

三、計時：計算時間，按照時間計算。如：「一般的停車場，大多是計時收費的。」

四、絞盡腦汁：形容費盡腦力，盡心思考。如：「這題目太難，他絞盡腦汁也想不出來。」

五、優勢：處於較有利的形勢或環境。如：「這場球賽地主隊占盡優勢，終場以懸殊比數獲。」

六、功成身退：功業成就後，就退休歸隱。

修辭法

一、映襯法：「以前，在她上完課後，我會給獎品當獎勵，但是現在，她已失去新鮮感。」「有兩個條件差不多的大學畢業生求職，一個英文能力強，一個英文不好，你若是老板，會選哪一個？」

二、類疊法：「她果真念得又快又流利。」

三、誇飾法：「為了鼓勵女兒學英文，我可說是絞盡腦汁。」

賞析

當孩子學習第二語言時，難免因為困難而抱怨連連，這時光靠父母的權威來逼迫，似乎不符合時代潮流，孩子更加難以接受。何不換個角度來思索？多舉故事例、實例來說服孩子，甚至家長本身也不能排斥英文，家長也要表現出學習英文的興趣，來激勵孩子積極學習。親子一起學習的動力，更勝過孩子單打獨鬥，如果家長有心，一定能找到許多鼓勵的方法。

十一、對比法：給孩子責任更成長

說明

所謂的對比法寫作，是將兩種不同的事物，放置在一起，互相比較，使讀者產生深刻的印象及感受，以傳達作者想要表達的旨意。一種是寫同一個人的從前和以後互相比較，說明這個人截然不同的變化。另一種是不同的兩個人比較，其中一個人的好正好襯托另一個人的壞，使讀者能學習正人君子好的行為，而以無惡不作的小人的壞行為為警惕。

這篇範文採取的是第一種寫法，寫作者的女兒當班長之前和之後互相比較，產生很大的差距，讓人感到「知昨日之非，而悟今日之是」。

範文

給孩子責任更成長

女兒自從開學舉手自願當班長之後，忽然長大不少，幹部帶來的責任感和榮譽心督促著她，要往更高的行為目標去追尋。不知幸或不幸，都是女兒自己求來的。

就說起床和上學時間，都比以前提早二十分鐘完成，她說有一次居然比鑰匙長還早到校，被擋在教室外面不得其門而入。而我不再像以前慌慌張張，而是從從容容地載女兒上學。

有一次女兒忘了帶作業簿回家，這次我想盡辦法也無濟於事，因為簿子被鎖在教室裡。好在先生想到附近鄰居的小孩是女兒的同班同學，我只好厚著臉皮去借作業，讓女兒查好難字解釋，寫在一張白紙上，隔天早一點到校謄寫在作業簿上，趕在老師收作業之前完成。這時才想到「早一點上學」的好處，體會班長的條件就是不能忘記帶作業回家。

還有各式通知單、繳費單、回條……等，以前她偶爾會忘記拿給我簽，或不知放到哪兒去了？這學期全部按時拿給爸媽簽好交回。可能她認為等到老師收單子時，班長必須以身作則，否則同學會跟老師說：「為何班長會忘記交？」這樣她不就糗大了嗎？女兒做事的效率變高，更加仔細和謹慎。

原來女兒當班長帶來這麼多好處。某次早晨上學至半途，她要我原車返回拿鉛筆盒，我只好說：「誰叫你是班長？而我是班長的媽媽。班長絕對不可忘了帶鉛筆盒。」

結構分析法

事例	第一段	女兒舉手自願當班長
對比一	第二段	比以前提早上學
對比二	第三段	比以前更認真完成作業，不遲交作業
對比三	第四段	比以前更仔細處理通知單、繳費單、回條等
結論	第五段	體會班長帶來許多好處

詞語和成語

一、督促：監督催促。

二、慌慌張張：形容慌忙而緊張。儒林外史•第十九回：「潘三獨自坐著喫茶，只見又是一個人，**慌慌張張**的走了進來。」

三、從從容容：鎮定沉著，不慌不忙。如：「面試時，他**從從容容**的應對，一副胸有成竹的樣子。」

四、無濟於事：對事情沒有任何幫助。精忠岳傳•第十三回：「我豈不知賊兵眾盛？就帶你們同去，亦**無濟於事**。」

五、厚著臉皮：無羞恥之心。如：「四肢健全卻當街向人乞討，真是**厚臉皮**！」

六、謄寫：謄清抄寫。紅樓夢•第三十七回：「寶玉又見寶釵已**謄寫**出來，因說『了不得！香只剩下了一寸了，我才有了四句！』」

七、以身作則：用自己的言行作為他人的榜樣。如：「為人父母者應**以身作則**，千萬不能口裡說的是一套，做的又是另一套。」

八、糗：形容當場出醜，不知所措的樣子。如：「**好糗**」、「**糗呆了**」。

修辭法

一、映襯法：「不知幸或不幸，都是女兒自己求來的。」
二、誇飾法：「她說有一次居然比鑰匙長還早到校，被擋在教室外面不得其門而入。」
三、類疊法：「我不再像以前慌慌張張，而是從從容容地載女兒上學。」
四、設問法：「或不知放到哪兒去了？」
「為何班長會忘記交？」
「這樣她不就糗大了嗎？」

賞析

一般學生在學習的過程之中，難免都有當幹部的機會。有些學生礙於課業壓力，能避免當幹部就避免；有些學生會從當幹部的經驗中，改變自己以前的做事方法，變得更成熟。所以當有機會當幹部的時候，就要勇於承當，或許能得到許多意想不到的收穫，甚至會影響到將來的成就高低，尤其是班長，責任更大，需要的能力又更多，成長的空間更大，與以前相比，無形中各方面進步神速，令人刮目相看。

十二、五感寫作法：全家都愛動手做

說明

五感寫作法中的五感是什麼呢？視覺、聽覺、嗅覺、味覺和觸覺，幾乎我們天天都在使用的感覺，但是一般人表現在作文中，往往只在一、兩項的感覺摹寫，而忽略了其他項，讓人深覺遺憾，如果在生活中能注意加強這五種感覺，仔細體會這五種感覺，一定能寫出更有感覺的文章，對於人類健全的天賦，好好在每一天充分發揮出來，千萬不要等到退化了或是失去他們，而後悔莫及呢。

範文

全家都愛動手做

不知從何時開始？家中吹來一股 DIY 風，先是先生自己設計遙控飛機；再來是我把許多不同的布料拼成一個新的包包；然後是孩子從學校帶回印有自己畫的圖案的馬克杯。畢竟這是一個個人風格勝過集體意識的時代。

先生趁著暑假，買回一張書桌和兩張電腦桌，從拆紙箱的那一刻開始，隱隱約約傳來「叩

—叩—」的敲門聲，夾雜「碰—碰—」的重物撞擊聲，擾人午睡清夢。對於沉醉在 DIY 狂熱中的他，睡眠無法吸引他。他總要一氣呵成的完成，直到完美的作品出現，他才願意停下手來，這時耳根才能清靜，挑戰才算成功。剩下的是充滿成就感的胸懷。

至於我自從拜師學縫紉之後，已不再熱衷購買現成的包包，轉而愛上自己費盡心力做的包包。一個拼布包可能需要兩至三星期才能完成，這時臥室到處散放著幾根針、線，幾塊棉襯，一支長尺，幾塊布料、透明板，幾張講義等，好像被飛機轟炸過一般，找不到落腳的地方。當我遍尋不著剪刀時，女兒從一堆布料挖出。等到包包完成的時候，臥室才能恢復乾淨整齊的面貌，這又是我家的另一種混亂的 DIY 風格。每當我背著自製手提包出門時，內心覺得很驕傲呢！

我家就連旅行也不忘和 DIY 扯上關係，一住進渡假村，先生就安排兒女們彩繪陶製存錢筒，雖然他們口中喊著：「幼稚！」，但是一隻手仍然不停揮動彩筆，兒子是藍白條紋的魚型存錢筒；女兒則是彩虹條紋的。我跟他們強調：「別的地方買不到的！特別是哥哥寫的『OH！』和妹妹加的『蝴蝶結』，真別緻！」

再來是女兒挑戰貝殼風鈴，這組 DIY 包可以慢慢完成，裡面有一根摸起來粗糙的樹枝、和幾條白色兩端硬硬的尼龍繩，可能為了好穿孔，外加許多不同造型的貝殼，這些白色的貝殼放在手中，感覺牠們被大海海浪雕刻的紋路，細的、粗的、放射狀的、彎彎曲曲的等，因此也形成形形色色的模樣。當如門簾的小風鈴完成，一陣風吹過來，貝殼彼此敲擊出清脆悅耳的聲音，彷彿帶來海的消息。

到了黃昏，夕陽西下，走到戶外，體驗 DIY 比薩的活動。先生和兒子特別為我和女兒服務，雙手套上塑膠手套，挑選喜愛的材料，乳酪絲、香菇、燻雞、玉米等，然後交給工作人員，放進熱烘烘的磚窯裡烤熟，不到三、五分鐘，飄來一股比薩的香味，不禁讓人垂涎三尺，也讚嘆他們有大師級的廚藝。這時火紅的彩霞、搖曳的椰子樹，泳池裡戲水的人兒、和池畔品嚐比薩的我們，構成一幅悠閒的夏日風情畫。

以上就是我家的 DIY 嗜好，這是一種由零碎到完整的過程，可以完全了解整個作品的來龍去脈，也就是「知其然，更知其所以然」的追根究底。當別人讚嘆我們的成品的時候，同時也點燃他們想要動手做的鬥志，有句話：「有為者，亦若是」，相信他們會做出更特別的作品。所以別小看 DIY 這件事，可是充滿科學的精神和人生的哲理。

結構分析法

總　說	第一段	家人都愛 DIY
分　說	第二段	由聽覺摹寫先生把電腦桌 DIY 組合
分　說	第三段	由視覺摹寫我把拼布做成包包
分　說	第四段	由視覺摹寫兒子和女兒彩繪陶製魚型存錢筒

分說	第五段	由觸覺摹寫女兒組合貝殼門簾風鈴
分說	第六段	由嗅覺和味覺摹寫全家品嚐比薩的情形
總說	第七段	由DIY帶來的好處

詞語和成語

一、馬克杯：印有商標的杯子。在商業上主要作為宣傳用。

二、集體意識：由多數個體結合成的整體。

三、擾人清夢：打擾他人睡眠。如：「大清早一陣陣爆竹聲真是擾人清夢。」

四、一氣呵成：一口氣完成。比喻文章或繪畫的氣勢流暢，首尾貫通；或工作安排緊湊、不間斷。

五、落腳：停留、休息或暫住。

六、別緻：新奇，與眾不同。如：「這櫃子的樣式倒挺別緻的。」亦作「別致」。

七、粗糙：不光滑、不細緻。如：「皮膚粗糙」。

八、磚窯：一種以耐火材料構成的建築物，用來燒製磚、瓦、陶瓷等器具。說文解字：「窯，燒瓦灶也。」如：「磚窯」、「瓦窯」。

九、搖曳：飄蕩、搖晃。

十、知其然而不知其所以然：知道事情的結果，卻不知道造成結果的原因。

十一、有為者，亦若是：『舜何人也？予何人也？有為者亦若是。』舜是什麼人？我又是什麼人？只要立志有一番作為，也可以像舜一樣。

修辭法

一、聽覺摹寫法：「隱隱約約傳來『叩—叩—』的敲門聲，夾雜『碰—碰—』的重物撞擊聲。」

「當如門簾的小風鈴完成，一陣風吹過來，貝殼彼此敲擊出清脆悅耳的聲音，彷彿帶來海的消息。」

二、視覺摹寫法：「這時臥室到處散放著幾根針、線，幾塊棉、襯，一支長尺，幾塊布料、透明板，幾張講義等，好像被飛機轟炸過一般，找不到落腳的地方」

「這些白色的貝殼放在手中，感覺牠們被大海海浪雕刻的紋路，細的、粗的、放射狀的、彎彎曲曲的等，因此也形成形形色色的模樣。」

「兒子是藍白條紋的魚型存錢筒；女兒則是彩虹條紋的。」

「這時火紅的彩霞、搖曳的椰子樹，泳池裡戲水的人兒、和池畔品嚐比薩的我們，構成一幅悠閒的夏日風情畫。」

三、觸覺摹寫法：「裡面有一根摸起來粗糙的樹枝，和幾條白色兩端硬硬的尼龍繩，可能為了好穿孔。」

「放進熱烘烘的磚窯裡烤熟。」

四、嗅覺摹寫法：「不到三、五分鐘，飄來一股比薩的香味，不禁讓人垂涎三尺。」

五、味覺摹寫法：「讚嘆他們有大師級的廚藝。」

賞析

在日常生活中，購買現成的東西，對現代忙碌的人們來說，是最方便和快捷的做法。但是，相對的，也就沒有辦法享受DIY的樂趣。DIY看似繁瑣的過程，正是讓人動動腦筋的時候，難怪日常生活的用品，只要加上DIY的步驟，總是吸引我們趨之若鶩地想去體驗。大家都會相信自己有完成的能力，而且如果在小部分稍作改變，也許會創出擁有自我風格的作品呢！

十三、親情寫作法：父愛撐腰孩子好幸福

說明

父愛是籠統的，但是藉著陪女兒做一件事，就能把濃濃的父愛，具體地呈現出來。就像

朱自清的背影，他的父親為他買橘子的經過，就是完全無私的父愛。所以抒情文的寫作，必須由記敘事情的經過來寫起，那麼父愛的形象，也從這件事情，完全展現出來。我們常常說，表現父愛不能空口說白話，那麼就從日常生活的一舉一動來表現吧！

範文

父愛撐腰孩子好幸福

孩子的幸福不在玩具的多或少，而在父母的陪伴。那一天的午後，我親眼所見的畫面，仍然在腦中盤旋不去。是一位父親出現在縫紉教室，只為陪女兒做一隻貓玩偶，只為證明自己沒有在女兒的成長過程中缺席。

那一天我又按照行事曆，前往縫紉教室學習，這是一群婆婆或媽媽常常出現的場合。偶有母親帶著女兒出席，大半是幫母親代勞一、兩項事務。而忽然有一對父母帶著小女兒出現，聽說是特別幫小女兒報名這一項課程，趁著暑假較有空閒的時候，讓女兒做一些和讀書不一樣的事。

果然這位父親不是冷漠離開，反而熱情參與，一會兒幫女兒拿針線縫補一下，一會兒又幫女兒拆掉車錯的部分。令我們讚嘆真是一個幸福的家庭，一位高大陽剛的父親，出現在不該出現的場合，展現父愛的另一面，畫面有點突兀卻令人更感動。

到現在，那位小女兒一邊車玩偶，一邊臉上帶著笑容的模樣，深印腦海。父親用女兒喜歡的方式親近女兒，把女兒學習縫紉的事情當作一回事，然後親身去執行。相信不管那位女孩將來喜歡的嗜好或興趣，如縫紉或烹飪，都會勇於嘗試，甚至持之以恆地堅持她的理想。因為在她身後，不只有母親的愛，還有父親的愛在背後撐腰。

結構分析法

結果	第一段	是一位父親出現在縫紉教室，證明自己沒有在女兒的成長過程中缺席。
經過	第二段	有一對父母帶著小女兒出現在縫紉教室
經過	第三段	父親展現父愛的另一面
感想	第四段	在她身後，不只有母親的愛，還有父親的愛在背後撐腰。

詞語和成語

一、盤旋：徘徊逗留。
二、行事曆：預先擬訂的活動日程表，作為未來行事的依據。
三、代勞：代他人效力或代抒發勞瘁之情
四、突兀：唐突意外。文明小史•第二十五回：「當下公民忽說出那句突兀的話來，大家驚問所以。」
五、持之以恆：有恆心的堅持到底。

修辭法

一、排比法：「只為陪女兒做一隻貓玩偶，只為證明自己沒有在女兒的成長過程中缺席。」「一會兒幫女兒拿針線縫補一下，一會兒又幫女兒拆掉車錯的部分。」「那位小女兒一邊車玩偶，一邊臉上帶著笑容的模樣」

二、映襯法：「果然這位父親不是冷漠離開，反而熱情參與」

三、轉化法：「因為在她身後，不只有母親的愛，還有父親的愛在背後撐腰。」

賞析

父母在教養子女的過程當中，通常會認為母親負責教導女兒，父親則是負責教導兒子。但是這是一個多元化的社會，女兒也可以從父親身上學到另一種溫柔，而兒子也可從母親身上學到另一種剛強，於是在雙親的共同努力之下，子女得到栽培的養份最多，擁有的幸福感最強。所以現在的家庭不能再有責怪父親或母親教養不當，因為教養子女是父母雙方的責任，不能把責任完全推給單方面。

十四、感謝寫作法：我最想感謝的人──辛苦的清道婦

說明

一看到這個題目，大家首先想到要感謝的人，一定是父母、老師、或是身邊親近的人。畢竟日常生活最常接觸的就是這些人，因為寫的就是自己的生活經驗，學生就有材料可寫。但是也有採取限制式的寫作，限制不能感謝父母、老師、義工和工人，否則以零級分計算，如此題目的困難度增加，學生才會把眼界放寬，抬頭看看這個社會還有哪些人？值得我們向他們說聲感謝。

範文

我最想感謝的人──辛苦的清道婦

我想要感謝的人是清道婦，每天一大早天剛亮，我出去買早餐的時候，就看到她一手推著手推車，一手拿著掃把，從遠遠的路那一頭掃起，到了我家門口，她微笑地和我打招呼，順便把我家門口不知是誰亂丟的菸蒂掃走，還給街道一股清新的氣息。

不知有多少日子？她總是默默地一大早就出來工作。如果沒有她，我家門口的菸蒂不會

自動消失；如果沒有她，街道就無法整潔和乾淨。我感謝清道婦幫我維持戶外的清潔，反而替那些亂丟菸蒂、製造髒亂的人覺得羞恥。

國民的公共道德並沒有因為時代的進步而跟著改善，從亂丟菸蒂這一點可以因小見大。而清道婦總是以她那小小的身影，來告訴大眾，環境清潔並不是只有她的責任。有時也以她汗流浹背的模樣，告訴大家，或許下一次當你們又想丟菸蒂的時候，想想她的辛苦。

只有大家一起愛護環境清潔，清道婦才能展露笑容，感謝妳。

結構分析法

記敘	第一段	清道婦一大早就開始工作。
抒情	第二段	表達對清道婦的感謝之意。
議論	第三段	環境清潔人人有責，體諒清道婦的辛苦。
結論	第四段	呼籲大家一起愛護環境清潔。

詞語和成語

一、因小見大：從小地方可以看出大問題。如：「一套女裝要花數千元，甚至上萬元，這固然是個人的事情，但因小見大，足證這社會風氣的奢靡。」

二、汗流浹背：汗流很多，溼透了背部。形容工作辛勞或非常慚愧、驚恐的樣子。

三、清道婦〈夫〉：掃除道路穢物的人

四、菸蒂：香菸燃燒後所剩的殘餘部分。如：「不要隨意亂丟菸蒂。」或稱為「煙蒂」、「菸頭」。

修辭法

一、排比法：「她一手推著手推車，一手拿著掃把。」

「如果沒有她，我家門口的菸蒂不會自動消失；如果沒有她，街道就無法整潔和乾淨。」

「而清道婦總是以她那小小的身影，來告訴大眾，環境清潔並不是只有她的責任。有時也以她汗流浹背的模樣，告訴大家，或許下一次當你們又想丟菸蒂的時候，想想她的辛苦。」

二、類疊法：「從遠遠的路那一頭掃起。」

「她總是默默地一大早就出來工作。」

三、轉化法：「還給街道一股清新的氣息。」

四、設問法：「不知有多少日子？」

五、映襯法：「我感謝清道婦幫我維持戶外的清潔，反而替那些亂丟菸蒂、製造髒亂的人覺得羞恥。」

賞析

社會上有許多小人物，默默在為社會服務，文章中提到的清道婦就是不為人知的小人物，對社會卻有很大的貢獻。筆者發現清道婦的辛苦，來自於亂丟菸蒂、製造髒亂的人。所以出來呼籲希望大家一起愛護環境清潔，減輕清道婦的工作量，同時也表現出國民的公共道德水準，與日俱增。筆者在文章並表達對清道婦的感謝，她幫大家維持戶外的清潔，真的是平凡中見偉大。

十五、情緒反應寫作法：獨輪車夏令營

說明

情緒反應寫作法是抒情文的一種，情緒反應寫作法是在各段描寫不同的情緒反應的寫作方法。範文的情緒涵蓋有興奮、喜悅、沮喪、難過和期待五種心情，因此心情的呈現較為複雜。也有通篇只描寫一種心情的寫作方法。

學習任何事物或才藝，總會有學不好的情形出現，畢竟「人生不如意事十之八九。」難過之餘，只好接受，並且期待下一次東山再起。有時愈讓人難受的結局，愈吸引人更加努力去實現這個夢想。

範文

獨輪車夏令營

在上學期接近期末時，女兒放學回家，興奮地高舉一張通知單，嘴巴嚷著：「媽媽，我要參加，請幫我簽名。」原來是學校舉辦的免費的獨輪車夏令營。女兒只要覺得新奇的事物，都會躍躍欲試，尤其是前所未有第一次的經驗，更能吸引她。剛好暑假她沒上安親班，我就實現她的小小願望，答應讓她去學一學。

第一天的課程是先學上下車，並且先試著踩半圈。一小時之後，女兒汗流浹背臉上仍帶著笑容，當老師說：「下課休息一下。」女兒喝完水之後，就又馬上回來練習，我對女兒說：「妳讀書也沒這麼認真！」女兒答得妙：「因為學獨輪車是一件好玩的事。」

第三天的時候，女兒下課回家，哭喪著臉說：「媽媽，我從獨輪車上摔下來了，屁股好痛，妳幫我擦藥。」我問明原因，原來老師教她往前下車，她卻不小心往後跌倒，還好沒什麼大礙。我幫她貼上「酸痛貼布」減輕她的疼痛，這次摔倒並沒有打擊她的信心，隔天仍然生龍活虎地上場。

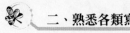

到了最後一節課，女兒仍然懷抱著學會獨輪車的希望，老師也提醒同學：「目標不是踩三圈，而是摸到走廊對面的柱子。」一字一句都是鼓勵的話語，一分一秒不浪費地練習，甚至女兒也扶著我的手臂在校園踩一段距離，女兒嘗試各種練習的方法，甚至還比同學多留下一個小時練習，最後鎩羽而歸，女兒難過得交回獨輪車。

這次獨輪車夏令營，讓女兒體會到一件事情，成功並不是一蹴可幾的。我們往往只看到成功者光彩的一面，卻無法體會成功者背後付出的努力。人生的學習過程中，看似簡單的事物，卻飽含艱辛的過程。我問女兒：「如果有機會再學獨輪車，妳要不要再試一次？」她爽快答應了。可見她並沒有被失敗打倒，而是把希望寄託在下一次的機會。

獨輪車夏令營讓女兒學到成功者需要加倍的努力，及永遠不放棄希望。

結構分析法

原因	第一段	以興奮的心情報名參加獨輪車。
經過	第二段	以喜悅的心情學騎獨輪車。
經過	第三段	從獨輪車摔下來而沮喪的心情。
經過	第四段	無法學會騎獨輪車而難過的心情。
經過	第五段	以期待的心情等待下一次與獨輪車的相遇
感想	第六段	成功者需要加倍的努力，及永遠不放棄希望。

詞語和成語

一、躍躍欲試：心動技癢，急切的想嘗試一下。

二、汗流浹背：汗流很多，溼透了背部。形容工作辛勞或非常慚愧、驚恐的樣子。

三、哭喪著臉：臉色難看、不高興的樣子。如：「自從家裡遭了小偷後，他就老是這樣哭喪著臉，好像世界末日了一樣。」

四、大礙：重大的妨礙、影響。如：「醫生說這病沒有什麼大礙，休息幾天就好了。」

五、生龍活虎：比喻活潑勇猛，生氣勃勃。

六、鎩羽而歸：鎩羽指鳥傷了翅膀，羽毛脫落。鎩羽而歸比喻失意或受挫折而回。如：「這場球賽由於挑戰隊實力堅強，使得衛冕隊鎩羽而歸。」

七、一蹴可幾：一舉腳就可以到達。比喻一下子就能成功。如：「學習外國語言並不是一蹴可幾，必須不斷的學習。」

修辭法

一、映襯法：「女兒汗流浹背臉上仍帶著笑容。」

「原來老師教她往前下車，她卻不小心往後跌倒。」

「人生的學習過程中，看似簡單的事物，卻飽含艱辛的過程。」

二、引用法：我幫她貼上「酸痛貼布」減輕她的疼痛。
三、類疊法：「一字一句都是鼓勵的話語，一分一秒不浪費地練習。」
四、設問法：「如果有機會再學獨輪車，妳要不要再試一次？」
五、誇飾法：「成功並不是一蹴可幾的。」

賞析

一個人的情緒是多變的，用一句話：「晴時多雲偶陣雨」來形容是最貼切的。範文在描寫女兒學獨輪車的過程中，所包含的喜、怒、哀、樂、愛、惡、欲。本來以為會以學成返家的歡樂來收場，沒想到是學不起來的難過當作結局，真是始料所未及。

還好經過這一番情緒變化的洗禮，終於蛻變成更成熟的面對下一次的考驗，因此，心情好像雨過天晴之後，高掛天邊的一道彩虹，那麼美麗。

十六、願望寫作法：珍惜心看生命

說明

每一個人都有願望，有的人的願望輕易就達成，有的人的願望持續一輩子的努力也難完成。但是願望就像一盞明燈，在前面指引著我們前進，讓我們對生命有一股熱情的動力，誰說願望不重要呢？

筆者有感於社會上，有些人對生命似乎採取輕忽的態度，才有感而發，希望大家以珍惜的心，看待任何生命。但是這個願望能否達成？就是希望每個人在日常生活中都能徹底來實踐，督促自己日行一善，終有一天，溫暖的社會就有造就完成的時候。

範文

珍惜心看生命

新的一年將至，我的願望是：「大家以珍惜的心，看待任何生命。」不論珍禽異獸，或寵物小狗；不論嗷嗷待哺的嬰孩，或是插鼻胃管的老人，每個生命，都值得愛護，值得珍惜。臥床的插管老人，動也不動，看似對社會沒有貢獻，但是他的下一代個個都是社會棟梁，如今他老了，對生命繳出漂亮的成績單，誰說他微不足道呢？

一個剛誕生的嬰孩，撫育雖要付出龐大費用，但如果不好好照顧，對社會也許是極大損失；也許他將來是諾貝爾獎得主或是奧運選手，任誰都無法預料，生命就是這麼奧妙。

朋友有天騎車，一隻小狗突然衝出，她煞車不及，「喀啦」一聲，小狗被撞掉一顆牙。雖是小狗的錯，但朋友仍停下車，把這隻傷犬送到鄰近獸醫院，並通知主人。珍惜生命，莫過於此。

生命無貴賤，以平等與珍惜心對待，社會更溫暖。

結構分析法

是什麼	第一段	願望是什麼？
為什麼	第二段	為什麼是這個願望？
為什麼	第三段	為什麼是這個願望？
如何	第四段	如何實現願望？
結論	第五段	呼應首段

詞語和成語

一、珍禽異獸：珍貴稀有的動物。

二、嗷嗷待哺：形容飢餓哀號，等待救濟。如：「今後，只剩下一個嗷嗷待哺的嬰兒與她相依為命。」

三、棟梁：比喻擔負國家重責大任的人。

四、微不足道：卑微渺小得不值得一提。如：「個人的力量雖是微不足道，但只要大家團結合作，必能凝聚成一股力量。」

五、諾貝爾獎：依照瑞典化學家諾貝爾遺囑所設的獎項。以四千六百萬瑞典幣為基金，基金的利息分別獎勵國際上對於物理、化學、生理、醫學、經濟、文學和促進世界和平有重大貢獻的人。於每年十二月十日於瑞典首都斯德哥爾摩頒贈。

六、奧運：奧林匹克運動會的縮稱。

修辭法

一、排比法：「不論珍禽異獸，或寵物小狗；不論嗷嗷待哺的嬰孩，或是插鼻胃管的老人。」「每個生命，都值得愛護，值得珍惜。」

二、譬喻法：「他的下一代個個都是社會棟梁。」

三、轉化法：「對生命繳出漂亮的成績單」

四、設問法：「誰說他微不足道呢？」

賞析

這個願望似乎有點遙不可及，但是有一句話說：「人因夢想而偉大。」就像陳樹菊女士一樣，以微小的一個人的願望，發願捐款助人，如今實現了，就好像為社會注入一針強心劑，瞬間整個社會就溫暖了起來。大家千萬不要覺得自己的力量，不能夠完成「珍惜心看生命」。那就從愛惜自己的生命開始，然後推而廣之，愛護小動物，珍惜眾生，逐步就能達成這個宏願。

十七、分享寫作法：分享的禮物

說明

日常生活中，遇到節慶或生日，總會收到親朋好友所送的禮物，享受接受禮物的樂趣。這個題目是分享的禮物，從另一個角度來下筆，寫自己送禮物給親朋好友的原因、經過和結果。發現與人分享價廉物美的禮物，快樂加倍。

觀察日常生活中別人對自己小小的幫助，加以記錄，在適當的時機，送對方一份小小的禮物，以報答對方的幫助和溫情，在送禮的過程中，享受投桃報李、禮尚往來的樂趣。

範文

分享的禮物

有感於農夫的辛苦，宅配一箱大學同學父親所栽種的芒果，對於平時就很喜歡吃水果的家人，彷彿天外飛來的一份禮物。而且產地配送到家，免於舟車勞頓，物美價廉，迅速又省事。

或許買一大箱水果，自己哪吃得完？後來我發覺拿來送禮，既大方又實惠。尤其在日常生活中，我們常常在無意間都會麻煩到別人，自己去卻遲遲忘了回報。雖然別人是舉手之勞，自己也要銘記在心，在適當的時候加以回報。於是我列出一大堆想要感謝的人，進行所謂送禮之旅。

首先是送給隔壁的鄰居太太，是一位退休在家的阿嬤，我上班不在家，老是麻煩她幫我收宅配、信件等。再來是送給安親班的老師，因為我的女兒上小提琴課時，常需要她們的提醒、接送。第三個對象是送給兒子的導師，因為我兒子在學校，常有許多事需要她督促和操心，她是兒子的良師益友。最後是家鄉的母親，因為我很久沒有回去探望母親了，也想回報她小時為我準備水果的用心。

在家裡，孩子們總是吃光我為他們削好的芒果，堪稱夏天最棒的味蕾饗宴。而收到禮物的朋友們，大家品嚐之後，都說很新鮮、很好吃呢！短短三天，一箱芒果就這樣分享美食之外也分享了喜悅。

送禮是一門學問，而且並不一定要很貴重。只要雙方心裡覺得舒坦，覺得喜愛，就算是幾顆優質的芒果，也能代表主人的真摯情意呢！

結構分析法

點題	第一段	請簡單寫出自己準備送人的一件禮物。
原因	第二段	描寫與他人分享禮物的原因。
經過	第三段	以禮物來感謝他人對自己的付出。
結果	第四段	他人獲得禮物的心情和動作。
結論	第五段	送禮物的學問。

詞語和成語

一、「宅」配：住所、住處。

二、舟車勞頓：旅途疲勞困頓。如：「搭機往返，既節省時間，又可免舟車勞頓之苦。」

三、實惠：實際的利益。如：「經濟實惠」。

四、舉手之勞：比喻極容易做到。如：「這不過是舉手之勞，何必言謝呢？」

五、味蕾：舌面上司味覺的感覺器官，呈橢圓形，約有九千個，每一個味蕾由許多支持細胞及五至十八個毛細胞構成，毛細胞是味覺感受器，下接味覺神經末梢，用以辨別食味。或稱為「舌乳頭」。

六、饗宴：招待賓客的宴席。

七、優質：品質精良。

修辭法

一、譬喻法：「彷彿天外飛來的一份禮物。」

二、設問法：「或許買一大箱水果，自己哪吃得完？」

三、誇飾法：「堪稱夏天最棒的味蕾饗宴。」

四、類疊法：「分享美食之外也分享了喜悅。」

五、排比法：「只要雙方心裡覺得舒坦，覺得喜愛」

賞析

水果有一定的賞味期，與眾多親朋好友分享，就會充滿許多的樂趣，真的是「與人分享的快樂勝過獨自擁有。」讓他們也得到品嚐美食的快樂。這種分享小禮物的心情，早就不必渴望別人的回饋，所以當鄰居又回送一另一份小禮物的時候，讓我非常驚訝他們的用心，人與人之間的關係，又多出許多無法預料的快樂。

十八、心智圖寫作法：程式的妙用，親子免衝突

說明

這篇範文如果依四段來畫心智圖，可以畫成一棵樹，第一段是樹幹，其他二、三、四段是樹枝，樹枝又各分成二或三片樹葉，就能很清楚地把這篇文章的紋理脈絡顯現出來，條理分明。

作文時腦中思緒混亂，如果善用圖畫來理清思緒，會有事半功倍的效果。心智圖有網狀圖、蜘蛛圖等，我們可以運用心智圖規劃每一段的觀點，甚至是段與段的關係都可一目了然，如此就能充分地發揮題旨。

範文

程式的妙用，親子免衝突

有一天晚上，兒子剛從電腦桌前站起來，就要我聽一首歌，歌詞中有一個名詞叫：「控制狂」，他吐苦水說這個名詞和爸爸的行為好像。

兒子平時喜歡打電腦線上遊戲，但是因為他課業繁重，於是先生就上網搜尋到一個程式，在限定時間內，自動讓螢幕畫面消失，兒子就不得不乖乖去讀書。

兒子現在大多能遵守這項規定，我也是受益者。我因為工作需要，必須常常接觸電腦，這個程式讓我每隔四十分鐘，就強迫休息一下，並無不可。這時我趁機起來活動筋骨，等待設定時間一過，就可繼續使用電腦。我也能讓日漸老花的眼睛，不致太早得到更嚴重的眼疾。

至於深夜時段，以前兒子會偷跑起來打電腦。這時先生的腦筋動得快，他又抓到一個程式，就是設定在半夜十二點，網路自動斷線，這時兒子就算坐在電腦桌前也只能打 word，既然毫無樂趣，倒不如早早上床睡覺。

當孩子的念頭純淨時，一切的管教就能上軌道。

結構分析法

樹幹	第一段	一、時間：晚上兒子吐苦水 二、人物〈一〉：向媽媽吐苦水 三、人物〈二〉：說爸爸是控制狂
樹枝	第二段	爸爸的行為 一、原因：避免兒子沉迷遊戲 二、經過：爸爸搜尋程式 三、結果：兒子乖乖去讀書
樹枝	第三段	媽媽也得到好處 一、活動筋骨 二、保護眼睛
樹枝	第四段	爸爸再次出擊 一、原因：兒子半夜偷打電腦 二、經過：爸爸搜尋另一程式 三、結果：兒子乖乖上床睡覺
總結	第五段	當孩子的念頭純淨時，一切的管教就能上軌道。

詞語和成語

一、控制狂：蘇打綠所唱的一首歌。

二、搜尋：搜求尋覓。
三、螢幕：來顯影的映像管表面，為電視、示波器、電腦的顯示部分。如：「這臺電腦的螢幕不穩定。」亦稱為「螢光幕」。
四、程式：引導電腦依特定方式運作並產生結果的一組指令。
五、筋骨：筋肉及骨骼。孟子•告子下：「天將降大任於是人也，必先苦其心志，勞其筋骨。」
六、老花：因水晶體彈性減弱，調度力減退所引起的視力不良，多發生在老年人身上，故稱為「老花眼」。
七、上軌道：比喻事情開始正常而有秩序的進行。如：「新廠的一切都已上軌道，我可以功成身退了！」

修辭法

一、譬喻法：歌詞中有一個名詞叫：「控制狂」，他吐苦水說這個名詞和爸爸的行為好像。
二、類疊法：「兒子就不得不乖乖去讀書。」
三、層遞法：「我也能讓日漸老花的眼睛，不致太早得到更嚴重的眼疾。」

賞析

有時親子的管教必須借助外力，筆者的先生對電腦的程式能巧妙運用，在限制兒子使用電腦的時間非常有效。畢竟父母一再地重複管教難免耗費心力，倒不如由電腦程式來管理，省時又省力。只要時間一到，網路立刻斷線，兒子也二話不說停止使用電腦，不會耍賴，減少許多親子衝突的場面。

十九、讀詩詞寫作法：裁出傳承的母愛

【遊子吟】　唐孟郊

慈母手中線，遊子身上衣，
臨行密密縫，意恐遲遲歸。
誰言寸草心，報得三春暉？

翻譯：

慈母手中拿著針線正是為這將要去遠行的兒子在縫製衣服，在她臨行前不停的密密縫製，心裡卻恐怕他遲遲不能回來。誰說做子女的那份細小的孝心，能報答父母像春天般溫暖的深恩？

說明

孟郊的遊子吟是一首膾炙人口的五言樂府，詩中敘述慈母為遠行的遊子一針一線縫製衣服的母愛，濃得化不開。慈母在一針一線的來來往往之中，縫進許多的母愛，當遊子在異鄉冷冽的冬夜，穿上衣服，想起母親的用心，倍覺溫暖。

或許在現代工廠機器盛行的時代，縫製衣服變得緩不濟急。但是也因為如此，更顯出縫製衣物的珍貴。當母親願意花費時間替子女縫製衣物，可見子女在母親心中的份量，是世世代代都無法改變的。難怪孟郊會說：「誰言寸草心，報得三春暉？」

範文

裁出傳承的母愛

母親的角色，不是只有賺生活費和煮三餐，如果能為兒女縫縫補補，會更感受到為人母的快樂。

偶然機會下，我參加了縫紉班，開始每週一次的課程。當時心想，我總是把工作和家庭擺在第一位，孩子漸漸長大後，應該可以挪一點時間給自己充實自我了。

只不過，在縫紉天地中，我是個門外漢，常忘記老師教過的步驟，幸好老師總不厭其煩的重複說明。就在一次、兩次被提醒及頻繁操作後，我終於熟記老師說的各項步驟，也熟悉縫紉工具的名稱和用法。

由依賴老師到獨立作業，過程中真的充滿驚奇和挑戰，也真正印證了「工欲善其事，必先利其器」。

雖然利用下班時間學習，體能負荷不小，卻讓我重燃學生時代的熱情和活力，好像海綿般拚命吸收。生活曾經磨損了我的鬥志，但學習新事物，卻幫我找回青春期的衝勁。

每週帶回的作品，如鉛筆盒、水壺袋等，女兒都愛不釋手。最讓我得意的是，女兒的運動褲膝蓋的地方因為過度磨損，裂開了一條縫。當我把破洞補好，真的深刻體會到身為母親的喜悅，正如詩中說的「慈母手中線，遊子身上衣」，為孩子縫補衣物雖是小事，卻有非凡意義。

母親曾為年幼時的我裁製可愛的小洋裝，啟迪我對縫紉的興趣。但是升學、就業和組織家庭，占去我大部分的時間。雖然步入中年才有機會進入縫紉世界，但最重要的是，我終於能為兒女裁出世代傳承的母愛。

結構分析法

主旨	第一段	為人母會縫紉更快樂。
原因	第二段	學習縫紉充實自我。

經過	第三段	學習過程由陌生到熟悉。
經過	第四段	縫紉工具的重要性。
經過	第五段	重燃學習的鬥志。
結果	第六段	體會為女兒補衣服的樂趣。
結論	第七段	點出主題裁製傳承的母愛。

詞語和成語

【詞語】

一、負荷：擔任。如：「**不勝負荷**」。

二、磨損：機件或物體因摩擦、使用造成材料的耗損。如：「這隻鋼筆已使用五年，筆尖都有點**磨損**了。」

三、衝勁：強大的衝力。如：「他做事一向很有**衝勁**，絕不會拖拖拉拉的。」

四、裁製：裁剪製作。如：「這件衣服是由母親親自為我**裁製**的。」

五、傳承：傳接繼承。如：「歷史的**傳承**須靠世代子孫的努力。」

【成語】

一、不厭其煩

・意義：**不嫌麻煩**。

・造句：只見老師不厭其煩的，一遍又一遍的講解給他聽。

二、愛不釋手

・意義：喜歡得捨不得放手。

・出處：文明小史・第二十二回：「鄧門上一見雕鏤精工，**愛不釋手**。」

・造句：拿到媽媽裁製的手提袋，女兒**愛不釋手**

【名言佳句】

一、工欲善其事，必先利其器

・意義：工匠想要把工作做好，一定要先使工具精良。

・出處：論語・衛靈公：「子曰：『**工欲善其事**，必先利其器。居是邦也，事其大夫之賢者，友其士之仁者。』」

二、慈母手中線，遊子身上衣

・意義：慈母手中拿著針線正是為這將要去遠行的兒子在縫製衣服

【清　字】

一、門外漢：

- 意義：外行人。
- 出處：鏡花緣●第十八回：「起初如果只作**門外漢**，隨他談什麼，也不至出醜。」
- 造句：在縫紉天地中，我是個門外漢

二、啟迪：

- 意義：啟發。
- 出處：書經●太甲上：「旁求俊彥，**啟迪**後人。」
- 造句：母親曾為年幼時的我裁製可愛的小洋裝，啟迪我對縫紉的興趣。

修辭法

一、引用法：「工欲善其事，必先利其器。」
「慈母手中線，遊子身上衣。」

二、譬喻法：「卻讓我重燃學生時代的熱情和活力，好像海綿般拚命吸收。」

三、映襯法：「生活曾經磨損了我的鬥志，但學習新事物，卻幫我找回青春期的衝勁。」
「為孩子縫補衣物雖是小事，卻有非凡意義。」

四、轉化法：「我終於能為兒女裁出世代傳承的母愛。」

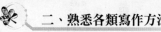

賞析

不管家庭主婦或職業婦女都要充實自我，我是職業婦女，我充實自我的管道是學習縫紉的技術。當學會縫紉之後，不僅得到學習的樂趣和鬥志，還能將學習的成果與親朋好友分享。甚至學習遊子吟詩中的母親，為子女裁製衣物，或是縫補衣服的破洞。這種千古傳唱的母愛，不會因歲月的遞增而減其偉大的光輝。

二十、看卡通寫作法：有趣的卡通

說明

小三的女兒平時最常觀賞的電視卡通節目是哆啦A夢，久而久之，對於劇情的發展先後順序也了然於心。我就針對她有興趣的休閒，要求她寫一篇題目「有趣的卡通」，讓她天馬行空自由發揮，沒想到她居然寫了一個獨創的故事。

這個獨創故事的內容大意如下，大雄要月考了，但是大雄又不想努力用功，只想靠道具，就向哆啦Ａ夢求救，哆啦Ａ夢受不了大雄苦苦哀求，就給大雄「答案眼藥水」和「變身黏土」。「答案眼藥水」滴在眼睛之後，就會知道題目的答案；「變身黏土」就可以捏成擁有聰明腦袋的人形，來代替自己。

但是隔天一早，大雄上學遲到了，被老師罰站。這時小夫和胖虎趁機偷走「答案眼藥水」和「變身黏土」。最後大雄沒有道具幫忙，所以得到零分。

範文

有趣的卡通

有一天，大雄說：「明天要考試了，怎麼辦？」多啦Ａ夢說：「考試要靠自己努力的複習。」大雄說：「算了！算了！反正大家都不會相信我。」多啦Ａ夢說：「好啦！好啦！我給你道具就是了，『答案眼藥水、變身黏土』。」

大雄說：「怎麼用？」多啦Ａ夢說：「答案眼藥水點在眼睛裡面就好了，變身黏土只要捏一個人的形狀就可以了。」

隔天早上大雄又賴床了，多啦Ａ夢說：「起床了！大雄，起床了啦！上學要遲到了。」大雄說：「讓我再睡五分鐘啦。」多啦Ａ夢說：「不行。」大雄說：「好啦！好啦！我去就是了。」

大雄發現要遲到了，趕緊拿了早餐就衝出去了。多啦Ａ夢說：「路上小心。」到了學校，老師說：「大雄，你又遲到了，到外面罰站！」大雄說：「是。」全班都笑了，大雄快要氣炸了。

要考試了，老師請大雄進來，大雄在點眼藥水，只剩下一滴而已，連變身黏土也剩下一點點。心裡想一定是胖虎跟小夫。怎麼辦呢？只好靠自己寫了。

小夫和胖虎開心的說：「只要得到了道具就沒事了。」

考試成績出來了，小杉、小夫、胖虎都考一百分，只有大雄考零分。

結構分析法

主旨	第一段	大雄要求多啦Ａ夢拿出道具幫他通過考試。
情節	第二段	道具的使用方法。
情節	第三段	大雄上學遲到。
情節	第四段	大雄因為遲到被老師罰站。
情節	第五段	道具被胖虎跟小夫偷走了，只好靠自己寫。
結局	第六段	大雄考零分。

修辭法

一、設問法：「明天要考試了，怎麼辦？」「怎麼用？」「怎麼辦呢？」

二、類疊法：「算了！算了！反正大家都不會相信我。」

「好啦！好啦！我給你道具就是了」

「起床了！大雄，起床了啦！上學要遲到了。」

「好啦！好啦！我去就是了。」

三、誇飾法：「大雄快要氣炸了。」

四、映襯法：「考試成績出來了，小杉、小夫、胖虎都考一百分，只有大雄考零分。」

賞析

在敘述的過程中，女兒都是用對話來推展情節。而且故事中的道具是她自己創造的。本來大雄要靠哆啦A夢來得高分，最後卻功敗垂成。這個故事也警惕小朋友們，考試到了，還是用功讀書，光是想要投機取巧，一定是無法成功的。

這次女兒將電視卡通的劇情，化成一篇條理井然的文字，雖然還是以仿寫為大部分，但是也可看出她運用文字的功力大增不少哦！

二十一、兩性平等寫作法：慈祥的爸爸

說明

現代社會逐漸邁向「兩性平等」的社會，照顧孩子不再只是母親的工作，有很多父親也開始扮起家庭主夫的角色。但是父親照顧孩子的方法，一定有別於母親的婆婆媽媽，當父親以別出新裁的方式教孩子時，孩子更能耳目一新，體會到更多解決問題的方法，還有突破角色限制的做法，比如母親教孩子縫紉一定是親身示範，但是父親就可以借助教學光碟，達到同樣的目的。父親千萬不能再以「我不會」而推卸責任。

範文

慈祥的爸爸

常聽到一句話：「嚴父慈母」，在中國傳統的社會裡父親總是不苟言笑，充滿權威，令孩子望而生畏。但是我的先生，他就徹底顛覆這個角色，換成一件件體貼又溫柔的行動，讓女兒覺得自己處處被捧在手掌心。

自從女兒上安親班之後，總是在接近七點才回到家，她喜愛的卡通影片已到尾聲，女兒就會大聲抱怨。這時先生老早善用他的電器知識，幫女兒預錄好心愛的卡通，等女兒一回到家，仍可欣賞完整的卡通影片，而不錯失任何一集。細心的爸爸腦筋動得快，解決了女兒的困擾。

一般男生對於家政，總是避之唯恐不及，但是有一天，先生想教女兒做一隻毛絨絨的小老鼠。於是播放光碟讓女兒觀賞製作的過程，女兒也按表操課，真的完成一隻羊毛氈的小老鼠。由這一件事可知，爸爸雖然對家政不熟悉，仍可使用電視教學，教會女兒製作一項手工藝品。

先生在女兒的要求之下，買了寵物魚和寵物老鼠，剛開始女兒總是興致勃勃地呵護，隨著時日一久，女兒有點偷懶，但是先生還是在照顧這些寵物。因為爸爸在以身教教導女兒，對於寵物的正確觀念是「愛牠就要照顧牠」，而不是隨意地丟棄牠。先生希望藉著養寵物，教女兒對生命抱持負責任的態度。

先生就在女兒逐漸長大的過程中，拋開「男兒志在四方」的遠大抱負，逐一轉為細水長流的溫柔，甘心為女兒做一些看似瑣碎卻甜蜜的小事。

結構分析法

推翻傳統	第一段	顛覆傳統嚴父的角色

事件一	第二段	因：女兒參加安親班沒辦法觀賞卡通 果：爸爸善用電器知識幫女兒預錄卡通
事件二	第三段	因：女兒想要一個自製的玩具 果：爸爸使用電視教學教會女兒製作一件手工藝品
事件三	第四段	因：女兒渴望飼養寵物魚與寵物老鼠卻偷懶 果：爸爸以身作則，教導女兒對於寵物的正確觀念是「愛牠就要照顧牠」
結論呼應	第五段	為女兒做一些看似瑣碎卻甜蜜的小事

詞語和成語

一、嚴父：嚴厲的父親。淮南子•人間：「此嚴父之所以教子。」

二、慈母：慈愛的母親。孟子注疏•趙岐•題辭：「孟子生有淑質，夙喪其父，幼被慈母三遷之教。」

三、不苟言笑：不隨便說笑。通常用來形容人一板一眼，嚴肅而不易親近。

三、顛覆：傾覆，動亂。

四、善用：好好的利用，充分的運用。如：「善用人才」、「善用天分」。

五、避之唯恐不及：只怕來不及或趕不上。如：「避之唯恐不及」。

六、呵護：照顧。如：「她是父母的掌上明珠，眾人對她呵護備至。」

七、男兒志在四方：立志遠行各地以建功立業，不以株守一地為滿足。東周列國志•第二十五回：「妾聞『男子志在四方』。君壯年不出圖仕，乃區區守妻子坐困乎？」

修辭法

一、引用法：「常聽到一句話：『嚴父慈母』。」
「對於寵物的正確觀念是『愛牠就要照顧牠』。」
「拋開『男兒志在四方』的遠大抱負。」

二、轉化法：「讓女兒覺得自己處處被捧在手掌心。」

三、類疊法：「先生想教女兒做一隻毛絨絨的小老鼠。」

四、映襯法：「拋開『男兒志在四方』的遠大抱負，逐一轉為細水長流的溫柔。」
「甘心為女兒做一些看似瑣碎卻甜蜜的小事。」

賞析

現代的孩子比大人還忙，因為他們將來要負的責任更重。在學校上完一整天的課，還要迎接安親班派給的功課，壓力特別大。所以先生幫女兒預錄卡通，是要讓女兒的心靈獲得平衡，畢竟孩子還是需要一些休閒活動。另外就是教會女兒自製玩具，除了讓女兒動手動腦之外，還有濃厚的父愛在裡面，比去商店直接買一隻送女兒更有意義、更有感覺。另外先生和女兒一起照顧寵物，讓女兒學會愛護動物的愛心，將來待人接物更富有同情心。整篇文章被濃濃的父愛包圍，剛強的父親其實也有像母親一樣溫柔的一面。

二十二、論說文寫作法：碎時妙用

說明

本文是論說文，可分為三個層次寫作：引論—如何利用零碎的時間入題，三則親身事證—承題，結論—職業婦女仍可過得充實、健康又自在。而論證方面可採用親身經驗之外、還可以採用事例或言例。至於承題之後，也可採負面親身經驗轉題，如此文章篇幅增多之外，給讀者的警惕更深，就不會任由零碎的時間隨風而逝。

範文

碎時妙用

身為職業婦女，常被工作和家庭「綁架」；下班後，不是在廚房張羅三餐，在孩子桌前為他們解答課業困惑，就是在陽臺晾衣，甚至拎著廚餘追趕垃圾車。職業婦女若有自己的房間，實在可喜；若能在房裡待上一個小時，而不被打擾，值得慶賀。面對已被切割成碎片的時間，職業婦女該如何才能充實自我、放鬆身心呢？

我把握的第一個零碎時間，就是全家人還未起床前，拿出借閱或網購的書籍，晨讀半小時，這時是自己與心靈對話的珍貴時刻，每天藉著幾頁的文字，滋潤枯竭的心靈，因此得到極大的滿足。於是閱讀的喜悅逐日累積，也使人感受到一股煥然一新的能量。

我把握的第二個零碎時間，是在孩子做功課的時候；我在地板上放一張瑜珈墊，做做肢體伸展，在運動之餘，順便接收孩子拋過來的功課、人際等問題，並了解孩子這天發生的事情。身心放鬆的與孩子互動，彼此的相處會更有質感。

第三個零碎時間，是在孩子學才藝的時候；到賣場選購生活用品，逛街；或到錄影帶店租最新的影片，犒賞自己。

撿拾這些零碎時間，好好利用，職業婦女仍可過得充實、健康又自在。

結構分析法

如何	第一段	職業婦女該如何才能充實自我、放鬆身心呢？
是什麼	第二段	事證：晨讀
是什麼	第三段	事證：做瑜珈
是什麼	第四段	事證：逛街；租影片
結論	第五段	呼應首段，職業婦女仍可過得充實、健康又自在。

詞語和成語

一、綁架：用暴力劫持人質。如：「富商之女遭綁架，警方成立專案小組，全力偵查。」

二、張羅：籌備、安排。

三、拎：提。如：「媽媽拎著菜籃上市場。」

四、煥然一新：將舊有的整治一番，改成新的氣象。

五、質感：對物品質地的感覺，如粗糙、細滑、柔軟、堅硬等。如：「這塊布料質感細緻。」

六、犒賞：慰勞賞賜。

修辭法

一、轉化法：「身為職業婦女，常被工作和家庭『綁架』。」

「每天藉著幾頁的文字，滋潤枯竭的心靈。」
「撿拾這些零碎時間，好好利用。」

二、設問法：「職業婦女該如何才能充實自我、放鬆身心呢？」

三、類疊法：「我在地板上放一張瑜珈墊，做做肢體伸展。」

賞析

職業婦女在工作和家庭兩方面，透支體力和心靈時有所聞，最後可能成為一根兩頭燒的蠟燭，把身體健康燃燒殆盡。為了使職業婦女的身體和心靈都處在健康的狀態，就必須好好利用零碎的時間，做自己有興趣的事，如文章中的閱讀、運動、逛街和看電影。當職業婦女的身心靈獲得充實之後，最後得到好處的是這個國家社會和家庭，職業婦女不要小看這些零碎的時間哦！

二十三、美食寫作法：晚餐客製化家人真開心

說明

家庭主婦常常為剩菜煩惱，如果家庭主婦偶爾為家人的喜好創作料理，家人當然舉雙手贊成。畢竟家人喜愛的口味都不相同，難免順了姑情，逆了嫂意。如何烹調一道美食料理？就在創意。

如何寫美食寫作？首先第一段是介紹這道料理的特色，第二段是介紹這道料裡的食材，第三段是介紹這道料理的做法，第四段是寫出家人的反應。如此就有許多材料可以烹飪出一篇色香味俱全的美食文章。

範文

晚餐客製化家人真開心

平時買飲料有少糖、半糖、微糖、無糖的差別，讓我決定挑戰，為每一位家人量身製作咖哩米苔目。挑選好食材：火鍋豬肉片、蝦仁、洋蔥、高麗菜和香菇等，一回到家，女兒搶著幫忙洗菜，我也樂得在旁切現成菜，所以晚餐很快就上桌了。

我先煮一碗給先生，放香菇和洋蔥爆香豬肉，再放一碗公的水，為了使湯頭味道更香濃一些，兩塊咖哩塊不能少，最後加入高麗菜和米苔目就大功告成了。兒子的餐點和先生的差不多，只是少了高麗菜和洋蔥。女兒是咖哩蝦仁米苔目，而我是咖哩蔬菜米苔目。家人都吃到心目中的咖哩料理，為個人打造的專屬麵食。夜深時，家中仍然瀰漫一股淡淡的印度咖哩香氣，久久不去。

為了一頓凝聚家人感情的晚餐，雖然辛苦也值得。相信女兒對烹飪也有了不同以往的心得；兒子誇大地說：「可以擺攤賣咖哩豬肉米苔目了！」至於先生是默默無語，不過他讓碗公底朝天，也算不辜負我這個「煮婦」的用心，期待下一次假日為家人烹調的創意料理。

結構分析法

創意	第一段	為每一位家人量身製作咖哩米苔目。
食材	第二段	火鍋豬肉片、蝦仁、洋蔥、高麗菜和香菇等。
做法	第三段	家人都吃到為個人打造的專屬麵食。
結論	第四段	滿足家人的味蕾，雖然辛苦也值得。

詞語和成語

一、現成：目前已經完成的，或已有的。

二、湯頭：用以烹調的高湯。如：「這家店的麵雖不是很特別，但湯頭卻是棒極了！」
三、大功告成：艱鉅、偉大的事務完成了。
四、打造：以手工製造。
五、瀰漫：遍布、滿布。如：「戰雲瀰漫」。
六、凝聚：凝結聚集。
七、擺攤：小販在街上或市場中擺設攤位，陳列貨品出售。如：「他在市場擺攤，生意一向不錯。」

修辭法

一、誇飾法：「兒子誇大地說：『可以擺攤賣咖哩豬肉米苔目了！』」
二、雙關法：「至於先生是默默無語，不過他讓碗公底朝天，也算不辜負我這個『煮婦』的用心。」

賞析

家庭主婦日復一日的為家人準備晚餐，難免都是四菜一湯，或許家庭主婦也可以為家人量身製作餐點，偶爾變換不同的料理，享受家庭主婦的樂趣。現在外食族常常為食安問題擔心，如果家庭主婦多用一點心，就可以在家人的幫助下，儘量在家中烹煮，既衛生又健康。同時促進親子感情，功不可沒。

二十四、寵物寫作法：養老鼠記——女兒四年級作品

說明

一般人提到「老鼠」這兩個字，往往嚇得花容失色，恨不得除之而後快，所以才會有「過街老鼠人人喊打」的俗諺。但是自從我的女兒把一隻「三線鼠」當寵物養之後，我對老鼠有不同的觀感。

當我們每天與寵物相處之後，發現牠也有情緒和嗜好，一大早牠就在滾輪飛快跑步，精神抖擻叫大家起床，比全家都還有活力。全家人吃完飯之後，還會關心牠是否吃飽喝足？當

牠睡覺時，擔心牠是否停止呼吸？這段日子，因為有牠的加入，家人更有愛心和同情心，只因為我們把牠當作一家人，因此寵物教我的事是「眾生平等」，任何生命都是珍貴的。

範文

養老鼠記

四年級上學期，我養了一隻三線鼠，我叫牠「小老鼠」。

自從我養了小老鼠之後，就十分高興，常常放學後，就先去看小老鼠。剛養小老鼠時，牠覺得週遭環境很陌生，就一直躲在小屋裡不肯出來，過了三、四天才肯出來。我在牠的屋子放了一些木屑，也放了食物，小老鼠吃得很快，不用一、兩分鐘就吃完，而且牠排泄也很快，有時還一邊走路一邊上廁所呢！牠的小屋有溜滑梯，小老鼠會爬上去又溜下來，模樣很有趣。牠喜歡玩滾輪，滾輪被轉得ㄎㄧㄌㄧ卡啦的，雖然很吵，但是牠卻是我們家的小淘氣。

有一天，我放學回家看到小老鼠不見了，我趕緊找，但是一直沒找到，我好難過。結果在第三、四天的時候，媽媽正在掃地，掃呀掃，掃到箱子的角落時，竟然看到我們家小老鼠的身影，我好意外，可以看到小老鼠，本來以為小老鼠永遠一去不回，現在卻被媽媽找到了。

我們經過了老鼠失蹤記後，更加愛護牠了，我們還買了一個小小的滾球，小老鼠也玩得很高興。過了一段時間，我發現小老鼠一動也不動的，看起來無精打采的，我不管怎樣叫牠，牠就是起不來，隔天小老鼠就四肢僵硬了。

在牠上天堂之後，我們就把小老鼠埋在土裡，並立了自製墓碑紀念牠。

結構分析法

點題	第一段	我養了一隻三線鼠，我叫牠「小老鼠」。
經過	第二段	小老鼠在家裡生活的情形。
經過	第三段	小老鼠失而復得的情形。
經過	第四段	經過了老鼠失蹤記後，更加愛護牠了。最後卻上天堂。
抒懷	第五段	永遠記得小老鼠。

詞語和成語

一、木屑：砍伐或鋸木頭所產生的屑末。

二、排泄：生物把體內殘廢無用的物質排出體外。如動物由肺部呼出二氧化碳，由腎臟和汗腺排出尿、汗，以及植物將多餘水分和礦物質排出體外，皆稱為「排泄」。亦作「排洩」。

三、身影：形體的影像。如：「雖離別經年，他的身影仍深深地印在我的腦海裡。」

四、失蹤：下落不明。如：「他離奇失蹤，家人都很難過。」

五、無精打采：沒精神，提不起勁的樣子。

六、僵硬：不能靈活轉動。

修辭法

一、借代法：我叫牠「小老鼠」。
二、映襯法：「就一直躲在小屋裡不肯出來，過了三、四天才肯出來。」「本來以為小老鼠永遠一去不回，現在卻被媽媽找到了。」
三、排比法：「放了一些木屑，也放了食物。」
四、誇飾法：「小老鼠吃得很快，不用一、兩分鐘就吃完。」
五、類疊法：「有時還一邊走路一邊上廁所呢！」「媽媽正在掃地，掃呀掃，掃到箱子的角落時」
六、狀聲詞：「滾輪被轉得ㄎㄧㄌㄧ卡啦的」
七、譬喻法：「牠卻是我們家的小淘氣。」

賞析

有一天，因為籠子的門沒有鎖好，牠忽然人間蒸發，我們猜想牠不知逃到家裡的哪個角落？每天有無按時吃飯？喝水？因為家中打掃得乾乾淨淨的，又擔心牠找不到東西吃而餓肚子。我終於體會寵物遺失時那種空虛無助的感覺很難受，難怪失主總是重金獎賞給拾獲寵物的人。三天之後，牠迷途知返，走到原來的籠子邊徘徊，讓我們驚訝之餘，有一種失而復得的喜悅。

珍惜和寵物相處的時光，好好照顧牠，不要等到失去牠才後悔莫及。

三、文章如何結尾？

認識這麼多文章內容的寫作法，接著進入文章的尾聲，為了不讓讀者覺得文章虎頭蛇尾、有始無終，筆者介紹十種文章結尾使用的方法，使文章的結尾達到貫串主旨，前後呼應的效果，如此文章就會渾然一體。同學如果要文章寫得好，就要有始有終，認為開頭和結尾的寫作一樣重要，如何在文章的結尾，讓讀者眼睛為之一亮？試著以下列十種結尾法來為文章結尾：

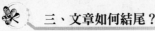

一、引用法

一、例如：以〈給女兒一堂紙黏土課〉一文——「製作這件紙黏土作品的精神，是努力愈多，快樂愈多。媽媽希望妳推而廣之，任何事情成功之前，必須花費無以計數的努力，『天下沒有不勞而獲的事』，一步一腳印，終能踏出一條幸福的康莊大道。」

二、短評：這是筆者帶女兒到百貨公司逛，忽然看到紙粘土的作品，非常美觀大方，吸引了我們的注意力。於是前去跟工作人員買點數，女兒也欣然答應，於是經過老師的教導，終於完成一件賞心悅目的作品。女兒在製作的過程非常專注，讓我想到任何事情的成功，都是需要一番努力才能達成。

三、引用法：『天下沒有不勞而獲的事』

四、適用作文題目：「我在成長中」

範文

給女兒一堂紙黏土課

媽媽帶妳到百貨公司，妳又在玩具樓層徘徊不去，忽然媽媽瞥見紙黏土教室，有一些小朋友正玩得不亦樂乎。媽媽心想何不讓妳動手動腦？於是我幫妳選了一個冰淇淋的造型，讓你去享受創作的樂趣。

接著妳跟著老師的步驟，首先妳把粉紅、淺藍和淡黃三種顏色的黏土，一一搓成圓形再壓扁放入透明的塑膠杯裡。再來是把三顆紅、藍、黃的冰淇淋，搓好球體，又另外搓三條繩子，然後以繩子圈住球體，再灑上細小彩色的顆粒和亮晶晶的亮粉。老師用似奶油的黏稠物擠在冰淇淋周圍，看起來跟真的一樣，令人垂涎三尺。最後點綴一顆鮮紅草莓、幾粒棕色小酸梅和巧克力棒，插入鮮黃色寫上妳的名字的心型，和銀色鐵絲的便條紙夾，就大功告成。

在這堂課的創作過程當中，妳的小手總是慢條斯理地想要做出最好看的造型，妳頭戴著白色廚師帽，穿著白色的圍兜，儼然變成一位專業的小廚師，正準備為客人獻上一客美食。當妳終於完成一件賞心悅目的紙黏土作品時，妳臉上綻放的笑容是那麼燦爛，相信一小時創作的歷程，一定比十分鐘就選購好的玩具，所帶來的樂趣更深刻。

製作這件紙黏土作品的精神，是努力愈多，快樂愈多。媽媽希望妳推而廣之，任何事情成功之前，必須花費無以計數的努力，天下沒有不勞而獲的事，一步一腳印，終能踏出一條幸福的康莊大道。

二、讚美法

一、例如：以〈有趣的卡通〉一文－「這次女兒將電視卡通的劇情，化成一篇條理井然的文字，雖然還是以仿寫為大部分，但是也可看出她運用文的功力大增不少哦！。」

二、短評：因為筆者本身是國文老師，總是無所不用其極地啟發女兒對作文的興趣，我注意到她觀賞哆啦Ａ夢的卡通時，非常專注，於是利用她喜歡的事物，要她自創一齣卡通。這一次令我非常驚訝，完全不必我更動一字一句，我才發現她運用文字的功力增進不少，我的辛苦終於有了收穫。

三、讚美法：「可看出她運用文字的功力大增不少哦！」

四、適用作文題目：「快樂是什麼？」「如何尋覓快樂的泉源？」

範文

有趣的卡通

有一天，大雄說：「明天要考試了，怎麼辦？」多啦Ａ夢說：「考試要靠自己努力的複習。」大雄說：「算了！算了！反正大家都不會相信我。」多啦Ａ夢說：「好啦！好啦！我給你道具就是了，『答案眼藥水、變身黏土』。」

大雄說：「怎麼用？」多啦Ａ夢說：「答案眼藥水點在眼睛裡面就好了，變身黏土只要捏一個人的形狀就可以了。」

隔天早上大雄又賴床了，多啦Ａ夢說：「起床了！大雄，起床了啦！上學要遲到了。」大雄說：「讓我再睡五分鐘啦。」多啦Ａ夢說：「不行。」大雄說：「好啦！好啦！我去就是了。」

大雄發現要遲到了，趕緊拿了早餐就衝出去了。多啦Ａ夢說：「路上小心。」到了學校，老師說：「大雄，你又遲到了，到外面罰站！」大雄說：「是。」全班都笑了，大雄快要氣炸了。

要考試了，老師請大雄進來，大雄在點眼藥水，只剩下一滴而已，連變身黏土也剩下一點點。心裡想一定是胖虎跟小夫。怎麼辦呢？只好靠自己寫了。小夫和胖虎開心的說：「只要得到了道具就沒事了。」考試成績出來了，小杉、小夫、胖虎都考一百分，只有大雄考零分。

三、呼應法

一、例如：以〈作文與聊天〉一文—「經過這次的作文，我發現聊天對整理思緒很有幫助，在聊天之中，我得知女兒在爬山的時候是愉快的，而且努力地完成目標，我就放心了。我相信女兒一定期待下一次作文前，能和媽媽聊天的時光吧！。」

二、短評：這次安親班安排的登山活動，我很有興趣想知道登山的情形，所以就和女兒天南地北地聊一聊，讓作文不再是一件枯燥乏味的事，而且和女生最愛的活動—聊天，搭上關係，作起文章不是更事半功倍嗎？最後一段和首段相呼應。

三、呼應法：「我相信女兒一定期待下一次作文前，能和媽媽聊天的時光吧！」

四、適用作文題目：「我的嚮往」

範文

作文與聊天

女兒的安親班舉辦戶外教學—爬山，活動結束後，我要女兒寫一篇題目是「爬山」的作文，因為和她的經驗有關，所以她願意配合。我幫她準備好稿紙和鉛筆，在開始要寫第一段的時候，女兒卻說：「媽媽，我們來聊一聊當天的情形吧！」

在作文前聊天，可以知道女兒爬山的過程中，發生什麼事情？女兒在爬山的過程中看到什麼？以及對爬山所應該抱持的態度是什麼？都在聊天的過程中一一釐清。聽她敘述完整個過程，我彷彿跟著他們上一次山，有身歷其境的感覺。她強調他們是一口氣走到山頂，由山上往下眺望時，車子好像火柴盒小汽車，行人好像螞蟻，真是渺小。最後在鍥而不捨的努力中，享受居高臨下的成就感。

我幫女兒在聊天的內容中擷取精華，女兒寫下第一段的大意是她本來害怕爬山，但是因為有老師和同學的陪伴，就不怕了；第二段描寫走過的各式各樣的山路；第三段寫攻頂之後欣賞的美景；第四段則是體會爬山一定要有始有終，絕不能半途而廢，才能有所得。

經過這次的作文，我發現聊天對整理思緒很有幫助。在聊天之中，我得知女兒在爬山的時候是愉快的，而且努力地完成目標，我就放心了。我相信女兒一定期待下一次作文前，能和媽媽聊天的時光吧！

四、感想法

一、例如：以〈假日生活教育〉一文──「這個假日生活教育，讓我發現女兒長大了不少。」

二、短評：利用一個假日，我和女兒一起包水餃，讓女兒體會如何做家事。雖然整個過程是非常辛苦，但是因為女兒的陪伴，使我有一股想要完成的動力。父母在教育孩子的時候，有時候，反而是孩子在教育我們。女兒在這次假日生活教育，是我的好幫手。

三、感想法：「讓我發現女兒長大了不少。」

四、適用作文題目：「記一次星期天的見聞和感受」

範文

假日生活教育

上個星期假日，忽然想自己在家包水餃，於是展開實際行動。先上網搜尋有關包水餃的食譜和作法，再上菜市場採購材料。我先買八十幾張水餃皮，再買一斤半的前腿豬肉，請豬肉攤老板絞碎；接著到菜攤買高麗菜、紅蘿蔔、芹菜、木耳、蒜；然後買豆腐和蔥，準備煮味噌湯。採買完就興致高昂的回家準備包水餃。

我和女兒各使用一塊砧板，第一道手續是將洗好的菜切細，女兒一小片一小片的切著高麗菜，速度慢得好像在太空漫步；我則負責切其他的菜，切得全身發熱，這時才體會廚師的辛苦。

等到所有的材料和絞肉攪拌均勻，苦工才正要開始。手不停的包，不停的在水餃皮上捏出皺摺，但總覺得水餃皮和內餡多得用不完；還好女兒曾經在安親班包過，成為我的得力助手。她包的水餃很工整，我的則比較隨興。後來因為嚴重錯估材料的分量，只好再去添購水餃皮，總算在晚餐前完成任務。

在家忙了一整天，女兒說比到外面還好玩。其實，之所以興起包水餃的念頭，是為了想讓孩子多吃點蔬菜，培養女兒做家事的能力，以及體會水餃店家背後的努力和付出；以後吃水餃時，都能心存感謝。

這個假日生活教育，讓我發現女兒長大了不少。

五、總結法

一、例如：以〈以文字感謝父親〉一文—「在父親節前夕，兒子將平常不敢說出口的感謝，在文章中表露無遺。我想，這篇文章是送給他老爸最好的父親節禮物。」

二、短評：兒子的作文作業，題目是偉大的爸爸，作業完成之後，我覺得內容還不錯，兒子也答應我拿給爸爸看。這是從小到大，唯一一次兒子完整地表達對爸爸的感謝，而且化為一篇動人的文字，在父親節前夕，是一份非常珍貴的禮物。

三、總結法：「這篇文章是送給他老爸最好的父親節禮物。」

四、適用作文題目：「生活中的感動」

範文

以文字感謝父親

兒子的國文老師派了一項功課，要他們寫一篇文章，對父母表達感謝之意。兒子訂的題目是：「偉大的爸爸」。他在向我請教寫作時要注意的細節後，就洋洋灑灑的完成了老師交代的功課。老師給他的成績是中上，我也覺得兒子寫得還不錯，便建議他投稿，並且拿給他老爸看。

沒想到他老爸看了以後，說：「和一般的爸爸差不多嘛！只要是爸爸都會做這些事。」雖然他嘴裡這麼說，鼻頭卻有點紅紅的，似乎是被兒子的文章感動了。

我說，兒子寫的就是他老爸，是獨一無二的，尤其是這一句：「爸爸也是專屬於我的家庭教師，不論是什麼科目，爸爸都會說：『讓我們一起弄懂它。』」寫得好傳神。

這讓我回想起兒子讀國中的時候，外子幾乎十項全能的陪著兒子讀書，除了數理，還有他不擅長的文史。有一次，他發現兒子的成語稍弱，馬上買了成語大全，陪著兒子唸了快半本，讓兒子趕上進度。

那段陪讀的日子，讓外子內心有許多感觸，那種卯足全勁的努力，非常人可及，好在兒子也十分聽話、配合，在外子的督促下，成績日有起色。

在父親節前夕，兒子將平常不敢說出口的感謝，在文章中表露無遺。我想，這篇文章是送給他老爸最好的父親節禮物。

六、希望法

一、例如：以〈一起狗日子〉讀後心得一文——「養狗的人如果都像書中的主人一樣有愛心和方法，那麼就一定具備照顧好狗兒的信心，這些狗兒就是幸運的狗兒，我希望每一條人類豢養的狗兒都能如此幸運。」

二、短評：現代的人，家中都會有一、兩隻寵物狗。在照顧狗兒的過程中，不僅是為了好玩，其實對人類也有很大的幫助，比如在危急時救了主人的命，陪主人散步等，好處真的不少。所以這本書是如何善待狗兒的書？照著這本書的方法去做，會減少許多的流浪狗。

三、希望法：「我希望每一條人類豢養的狗兒都能如此幸運。」

四、適用作文題目：「童年遊戲」

範文

《一起狗日子》讀後心得

這本書是愛狗人士的養狗經，內容包羅萬象，對從未曾養過狗的人來說，是值得放在身邊當作查詢的手冊。對即將養狗的人，也可增加不少關於養狗的知識，避免犯同樣的錯誤。就算一輩子都不養狗的人，看完這本書，看待狗兒都會有新的角度和看法呢！

書中說狗兒有像 GPS 一樣的感應能力，如旅行途中，快到目的地時，狗兒就比人類先知道，而有興奮的表情和動作。動物和人類的生理構造本來就不一樣，所以大地震來臨之前，就會有許多地底的生物跑出來，如蚯蚓等。還有主人家中發生大火，狗兒狂吠，不僅救了主人還有鄰居，這種忠狗救主的新聞屢有所聞。若以商業的眼光來看養狗這件事，算是投資報酬率高的嗜好呢！

養狗能增進健康，減少心血管方面的疾病，因為家中如果有了狗兒，主人一定會為了狗兒的健康，定時帶狗兒去散步，連帶的主人也多了許多散步的機會。所以常常帶狗散步的主人一定比不帶狗散步的主人，多走一倍的時數，所以養狗人士比較沒有心血管方面的疾病，這也是養狗的回報之一呢！

如果想養狗的人，這本書幫你做好心理建設，千萬別只是為了好玩就開始養狗，這樣可能會因為缺乏照顧狗的經驗，而讓狗兒變成流浪狗。養狗的人如果都像書中的主人一樣有愛心和方法，那麼就一定具備照顧好狗兒的信心，這些狗兒就是幸運的狗兒，我希望每一條人類豢養的狗兒都能如此幸運。

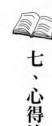

七、心得法

一、例如：以〈婚宴教學〉一文—「這場婚宴可說是另類的戶外教學，而教學主題就是「結婚大事」。在教學現場，再次看到了導師生動的上課內容及師生熱情的互動。這場戶外教學給孩子留下深刻的印象。」

二、短評：兒子上了高中，很幸運地遇上導師的婚禮，全班有一段時間，好像沉浸在籌備婚禮的喜悅之中。我本身在高中時代也看到音樂老師結婚，但是不像兒子這麼深入其境，幫導師做許多婚禮的事，甚至還參加婚宴，讓我得到一個心得，導師做了一場另類的教學。

三、心得法：「這場戶外教學給孩子留下深刻的印象。」

四、適用作文題目：「最感動的時刻」

範文

婚宴教學

兒子的高中導師歸寧喜宴，特別邀請班上學生參加。因為師生情誼深厚，兒子想在喜宴上為導師表演節目。

兒子早就告訴我們，全班將在喜宴上唱一首名為〈老師〉的童謠，而且在新郎和新娘進場時，所有人將分站通道兩旁拉拉炮，製造熱鬧的氣氛。他原本考慮穿老爸的西裝赴宴，但最後改穿制服。對於參加這場喜宴，兒子真的樂在其中。

兒子說，他很高興導師找到理想的伴侶，更樂意為喜宴盡一分心力，來回報導師平時對他們辛苦的教導。

我也為兒子感到高興，因為他在這場喜宴上學到許多寶貴的經驗，例如：怎麼搭乘交通工具到喜宴地點、怎麼以簡訊通知友人結婚的消息、喜宴食物怎麼安排、怎麼炒熱現場歡樂氣氛等，都有大略的認知。

這場婚宴可說是另類的戶外教學，而教學主題就是「結婚大事」。在教學現場，再次看到了導師生動的上課內容及師生熱情的互動。這場戶外教學給孩子留下深刻的印象。

八、感嘆法

一、例如：以〈紅月亮的吸引力〉一文——「為了不讓父母擔心，又想滿足探索天文的好奇心，兒子偷偷『離家出走』的體貼和孝心，我感受到了！。」

二、短評：兒子因為是天文社的一員，只要天空有異象，都是在深夜，所以他們常常跑到墾丁搭帳篷，利用夜晚觀測星星、月亮。這次兒子的離家出走是不預警的，而且又不留足跡的來去自如，追求真理，不秉告父母，短暫離家，情有可原。

三、感嘆法：「兒子偷偷『離家出走』的體貼和孝心，我感受到了！。」

四、適用作文題目：「我要做怎樣的好學生」，「那晚的月光」

範文

紅月亮的吸引力

這天，兒子放學回家，吃過晚飯後，早早就上床睡覺，和平常讀書讀到十一二點的作息很不一樣。隔天一早，他穿好制服，卻仍躺在床上閉目養神，看起來精神不大好，於是他老爸給了他一瓶雞精提神。

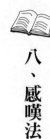

晚上回到家，兒子才說出早上精神不佳的原因。原來他凌晨兩點偷跑出去，直到五點才回家。我一聽，這還了得，氣得準備搬出一堆道理來曉以大義時，他趕緊補上一句：「我和同學去都會公園觀察『紅月亮』。」

兒子是天文社的社員，對天文很有興趣，最近看到電視播出有關「紅月亮」的新聞，心想是個觀測天象的好機會，但又怕父母不允許他深夜外出，只好使出「先斬後奏」的策略。他說，這次有兩位家長和七名同學同行，我才原諒他。

他們一共花費三個小時，耐心守候在高倍望遠鏡和照相機旁，一連拍下一百多張相片，再剪輯成四分鐘影片。兒子讓我分享他們觀測的喜悅和成果。

兒子為了觀測月全食而熬夜，情有可原，我不忍心責罵他；但如果是因為打電動而熬夜，或是做錯事而說謊，我是絕不允許的！

為了不讓父母擔心，又想滿足探索天文的好奇心，兒子偷偷「離家出走」的體貼和孝心，我感受到了！

九、鼓勵法

一、例如：以〈公園是大家的〉一文——「公園的美化和綠化，需要溫情的關懷，若居民冷漠，公園荒廢的機率較高；若居民熱心，則公園欣欣向榮是必然的。大家若真的願意做好事，就從住家附近的小公園做起吧！」

二、短評：公園大家每天都要去那裡活動，但是真正去關心公園的人寥寥可數。如果能在一個美化的公園散步，是不是心情會更好？一般人認為到外國做志工，能增進生命的厚度。其實把住家附近的公園掃乾淨，也是另一種修行。

三、鼓勵法：「大家若真的願意做好事，就從住家附近的小公園做起吧！」

四、適用作文題目：「當一天的志工」

範文

公園是大家的

住家附近有一座小型的公園，沿著小路兩旁栽種兩排高大的樹木，每次晨運行經其間，空氣清新，讓我享受到森林浴般的滋潤。

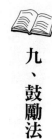

這麼美的都市小角落，也有很美的人情味，當落葉積滿了公園的小步道，就會看到附近居民帶著畚箕和竹掃帚打掃起來。最先是一對夫婦帶頭做起，接著是一群歐巴桑。他們把小路分成四段，拿起竹掃帚像在大地上寫書法，把落葉掃成一個小堆，再裝進大型的塑膠袋，裝滿一袋又一袋，掃得滿身大汗也不管，灰頭土臉也不怕。

公園的美化和綠化，需要溫情的關懷，若居民冷漠，公園荒廢的機率較高；若居民熱心，則公園欣欣向榮是必然的。大家若真的願意做好事，就從住家附近的小公園做起吧！

十、評論法

一、例如：以〈無私的奉獻〉一文—「郵局辦事人員的態度，有時會因為工作繁瑣而生氣或口氣不佳等，吵架爭執的情形也不是沒有，但是志工以無私奉獻的精神幫助他人，沒有酬勞卻樂在其中，一舉一動在民眾心中發光發熱，換來的報酬是更有意義的生命價值。」

二、短評：如果會去當志工的人，已把名利置之度外，心情自然開闊，碰到任何事都會站在對方的立場來想，就不會生氣。遇到這種志工，除了投以欣賞的眼光，是不是更應該起而效法？在身邊周遭把志工的精神發揮到極至。

三、評論法：「沒有酬勞卻樂在其中，一舉一動在民眾心中發光發熱，換來的報酬是更有意義的生命價值。」

四、適用作文題目：「我的志向」，「這一次，我終於做到了」

範文

無私的奉獻

偶爾到郵局繳各類費用，總會看到一大群民眾在等候，因為郵局辦事人員少於民眾，所以民眾必須抽號碼排隊，生意是門庭若市。在等待的時候，我看到郵局志工服務的態度，總是那麼慈祥與從容。

上了年紀又文盲的伯伯，要求志工幫忙寫存提款單，因為他大字不認得幾個，志工就坐下來一字一字謄寫；有一位老爺爺拄著拐杖走路蹣跚，志工就扶著老爺爺從座位到櫃檯辦理；另一位老公公詢問志工為何待辦人數的數字和等待號碼的數字不同？志工則清楚簡潔地解釋兩種不同名詞的意義，直到老公公了解為止。還有詢問郵局存簿是否遭人盜領的民眾，都得到滿意的答案，使我打從心裡佩服她的耐性。

郵局辦事人員的態度，有時會因為工作繁瑣而生氣或口氣不佳等，吵架爭執的情形也不是沒有，但是志工以無私奉獻的精神幫助他人，沒有酬勞卻樂在其中，一舉一動在民眾心中發光發熱，換來的報酬是更有意義的生命價值。

總結

以上介紹十種文章結尾的方法，有引用法、讚美法、呼應法、感想法、總結法、希望法、心得法、感嘆法、鼓勵法、評論法。讓讀者有基本的概念，運用之妙，存乎一心。一般人認為開頭很重要，其實結尾也不能草草結束，才能給人耳目一新的感受。在結尾多想想怎麼寫？能使文章結構完整，渾然一體，這樣文章才有加分的效果。

四、如何寫影評？

一、我喜歡的一部電影之一：《當幸福來敲門》

說明

寫作「影評」，是一項大工程，首先必須找到喜愛的電影，反覆看個幾遍，明白影片闡釋何種生命啟示？才開始動筆。

這篇文章主要就三方面來評論：經典對白、親子關係、求職良方。一個窮爸爸將給兒子帶來什麼樣的榜樣？就在決心和毅力。所以窮爸爸除了口頭告誡兒子之外，並且身體力行這個格言，證明窮爸爸並不是空口說白話。這種堅強的父親形象，是真正打動我寫這篇評論的動機。

範文

《當幸福來敲門》

這是一部敘述追求夢想的電影，在夢想實現前，必定會遭遇許多的困難和磨練，如貧窮、親人離去、他人拒絕幫助等，種種不堪的情境。悲觀的人或許淹沒在這些波浪中，而樂觀的人則視為成功的踏板。

男演員威爾・史密斯飾演一個樂觀的人，雖然生活艱困，但是他堅持要和兒子一起生活，給兒子樹立一個堅強的父親的形象。教導兒子：「想要什麼，就要努力去追求！」威爾・史密斯最後得到證券經紀人的職位，證實父親對兒子說的話絲毫不假。

除了樂觀之外，威爾・史密斯也是一個高EQ的人，有一晚找不到過夜的地方，只好等捷運站的人潮都退去時，準備住在捷運的洗手間裡。他以豐富的想像力，告訴兒子他們像野人，隨時可能遭到恐龍攻擊，必須找一個到洞穴躲藏起來，兒子也覺得有趣極了。讓孩子心靈充滿愉快的心情，而感受不到人間的冷酷。寧願自己苦嘗走投無路的滋味，也不願在孩子心中留下陰影。

威爾・史密斯面對任何的考驗，總是逆來順受，像他要去見大客戶時，上司剛好叫他去停車，他就設法完成。上司在上班時間，總是叫他去倒咖啡，他樂在服務。畢竟考驗是藏在細節之中，和做事的態度上。上司因為忘了帶錢包，向他借取身上僅有的五塊錢，他慷慨地借給上司，因為貧窮並沒有使他失去助人的能力。當上司問他為何帶著行李上班？他以幽默一筆帶過：「將出差到國外，和客戶打高爾夫球。」以幽默的語言代替自怨自艾。

當他通過考試，聽到被錄取的瞬間，不禁流下喜悅的淚水，因為他多日的努力，總算開花結果，怎不令他高興呢？所以，幸福來自於他努力做好每一件事。日積月累，老闆看清他是一個可造就之材，幸福於是來敲他的門。

在現實生活中，如果還感受不到幸福的人，或許是上天還在考驗你，繼續堅持下去，終會有撥雲見日的一天。

結構分析法

主　旨	第一段	追求夢想的過程中，樂觀的人較容易成功。
情節一	第二段	經典對白：父親教導兒子：「想要什麼，就要努力去追求！」
情節二	第三段	親子關係：寧願自己苦嘗走投無路的滋味，也不願在孩子心中留下陰影。
情節三	第四段	求職良方：面對任何的考驗，總是逆來順受。
評論一	第五段	正面：幸福來自於他努力做好每一件事。
評論二	第六段	反面：感受不到幸福的人，繼續堅持下去，終會有撥雲見日的一天。

詞語和成語

一、不堪：無法忍受。

二、走投無路：無路可走。形容處境窘困。

三、逆來順受：以順從的態度接受惡劣環境或不合理待遇。

四、自怨自艾：今則指自我悔恨、責備。

五、開花結果：作物成熟，可以收穫。引申指付出辛勞有所回報。

六、日積月累：逐日、逐月的長時間累積。比喻歷時遠久。
七、撥雲見日：撥去烏雲，重見天日。比喻除去障礙，重見光明。

修辭法

一、映襯法：「悲觀的人或許淹沒在這些波浪中，而樂觀的人則視為成功的踏板。」
二、譬喻法：「讓孩子心靈充滿愉快的心情，而感受不到人間的冷酷。」「告訴兒子他們像野人」
三、設問法：「當上司問他為何帶著行李上班？」「怎不令他高興呢？」
四、轉化法：「因為他多日的努力，總算開花結果」「幸福於是來敲他的門。」

賞析

一部好的影片，能為生命帶來許多美好的想像。而「影評」就是充分把影片的好處廣為宣傳，所以著力點就必須精挑細選。

文章中提到的親子關係，是溫馨動人的，將父愛表露無遺。一般人總是認為給孩子好的物質生活是重要的，卻不知父親給孩子一句值得奉行一生的話，或是耐心陪著孩子度過困苦的生活，在孩子心中更是珍貴與難得的。

二、我喜歡的一部電影之二：《潛水鐘與蝴蝶》

說明

鮑比在事業如日中天時，忽然中風只剩下左眼尚有知覺。令人佩服的是他還是不放棄利用僅有的與外界溝通的管道，爭取在這世界上的一寸光陰，努力創作。

鮑比本身就是最佳的勵志教材，他的精神足以感動千千萬萬的人。為此我寫評論從對立的角度來著手：就是鮑比只有左眼對比身強體健的人們；鮑比用左眼創作對比四肢健全的人卻作奸犯科；鮑比自由自在的生命對比生活在四面楚歌的人們。如此很容易地把鮑比堅強的形象凸顯出來。

範文

《潛水鐘與蝴蝶》

當生命只剩下左眼能動，你會做什麼？一般人可能為了失去的一切而沮喪、難過，甚至認為不必再做任何的努力。《潛水鐘與蝴蝶》中的鮑比卻仍然用左眼和世界溝通，把他的想法傳達出來。

看完這部影片，感嘆一般人擁有健康的感官和知覺，手能舉、腳能跑、口能說、耳能聽、眼能看……卻不知讓這些感官充分利用，做一些有意義的事，體會這個世界的真、善、美，反而作奸犯科，「徒然食息於天地之間，是一蠹耳！」

鮑比在最後生命只剩左眼可以動，仍然努力地善用他的左眼，試圖為世界留下曾經在世上生活過的足跡，用左眼努力去感受生活的滋味。在他的生命中看不到一絲失望，只看到他仍堅持完成未竟的夢想——完成一本創作，以行動取代灰心喪志。鮑比看似被包裹在潛水鐘般無助，精神卻像蝴蝶般輕靈地飛出軀殼。

他用他的行動告訴一般人，生命是奇妙的，非到最後一刻絕不棄械投降，打起精神，留下豐沛的精神糧食給這個世界。殘障並不可怕，可怕的是失去生存的意志，有一句話說：「哀莫大於心死」正如此貼切說明。

相信正沉浸在四面楚歌的氛圍的人們，看到男主角為了生存在奮鬥，一定會因此而振作起來，想著一個躺在病床上無法動彈的人，尚且珍惜在世界上的每一分每一秒，寫下一頁頁璀璨的扉頁，那自己為何還在顧影自憐之中浪費時間？快起身去，用雙手和頭腦，為世界揮灑更多的色彩。

結構分析法

主旨	第一段	鮑比用左眼和世界溝通。
評論一	第二段	身強體健的世人卻濫用自己的感官和知覺。
評論二	第三段	鮑比堅持完成未竟的夢想——完成一本創作。
評論三	第四段	生命是奇妙的，非到最後一刻絕不棄械投降。
啟發	第五段	啟發世人快起身去，用雙手和頭腦，為世界揮灑更多的色彩。

詞語和成語

一、沮喪：失望灰心。
二、作奸犯科：為非作歹，違法亂紀。
三、蠹：蛀蟲。
四、試圖：打算。如：「他試圖辦一場展覽會。」
五、灰心喪志：意志消沉，氣餒不振。

六、潛水鐘：一種外形似鐘的潛水器。將一個鐘懸著慢慢沉到水裡，鐘內的空氣會被水壓在鐘頂，躲在鐘內的人就可呼吸這空氣，而跟著潛入水中工作。現代潛水鐘設備不斷更新，利於進行深海打撈、探勘等工作。

七、軀殼：指有形的身體，相對於無形的精神而言。

八、棄械：放下武器，表示投降。如：「經過一番苦戰，敵方終於棄械投降。」

九、四面楚歌：比喻所處環境艱難困頓，危急無援。

十、璀璨：光明燦爛。

十一、揮灑：形容寫字作畫運筆自如。

修辭法

一、設問法：「當生命只剩下左眼能動，你會做什麼？」「那自己為何還在顧影自憐之中浪費時間？」

二、排比法：「手能舉、腳能跑、口能說、耳能聽、眼能看……」

三、引用法：「徒然食息於天地之間，是一蠹耳！」「哀莫大於心死」

四、映襯法：「鮑比看似被包裹在潛水鐘般無助，精神卻像蝴蝶般輕靈地飛出軀殼。」

五、呼告法：「快起身去，用雙手和頭腦，為世界揮灑更多的色彩。」

賞析

我們常說人生不如意事十之八九，而《潛水鐘與蝴蝶》的主角鮑比，當生命從高峰跌落谷底時，卻勇敢地挺過來，並且以自身的經驗，作為激勵人們的最佳典範。

由此可見，喪失知覺的軀殼並不能限制一個人的精神，發揮腦中的創造力，還是有無限的可能。不管上天給你多少生命的桎梏，一定能找到生命的出口，就在你面對生命的態度是否積極？

三、我喜歡的一部電影之三：《姐姐的守護者》

說明

家中如果有一個孩子生病，全家人的重心都會放在這個孩子身上，尤其是母親更會無所不用其極地，到處尋找名醫和良藥。所以這部電影的母親會把自己也剃成光頭就不足為奇了。

然後這位母親生下能捐贈器官的妹妹，同樣都是基於愛孩子的母親造成的，所以這部電影充滿母愛和爭議的劇情，拉扯著觀眾的神經。

在寫電影評論時，可以簡略介紹一下劇情，並且選一段最精采的情節來敘述，讓讀者也能身歷其境地欣賞一段電影情節，增加讀者進而想觀賞電影的動機。

範文

《姐姐的守護者》

這是一部探討醫學科技領域的電影，因為姐姐凱特天生罹患急性前骨髓性白血病，為了救凱特的命，父母透過試管嬰兒，成功地生下擁有完美基因配型的妹妹安娜。出生後安娜不斷地捐贈血液、白血球、骨髓、幹細胞等給姐姐凱特，讓凱特的生命得以延續。直到要安娜捐一顆腎，安娜請求律師幫她爭取使用身體的自主權。

影片中凱特的父母認為一般人捐贈器官給陌生人時有所聞，安娜捐贈器官給自己的姐姐凱特更是責無旁貸。當安娜提出抗議，父母認為安娜不懂事；如果安娜棄凱特於不顧，那更是不折不扣的忘恩負義。當她的父母全心全意在照顧垂危的凱特，沒有多餘的時間和精力關心其他的事情，所以忽略傑西和安娜在所難免。因為感受不到父母的關愛，哥哥傑西還一度叛逆。

電影並非完全處在爭議之中，仍有濃郁的親情瀰漫。有一幕很震撼人心，凱特由於急性前骨髓性白血病，經過化療，頭髮掉光，有一次母親邀凱特到外面玩，凱特卻哭著說：「別人會說她是一個醜八怪。」這時，只見這位媽媽跑到房間拿出一把電動理髮器，往自己頭上先剃一道縱貫線，然後兩道、三道，最後把自己變成一個和凱特一樣的光頭。我想世界上最偉大的愛就是母愛，片中母親不想以滿口大道理來說服凱特要有自信心，而是以行動來支持凱特，和凱特一起體會生病的滋味，讓凱特不因病而失去歡笑的能力。

電影結局是凱特不想繼續過著生不如死的日子，暗地裡請妹妹安娜向父母提出訴訟，最後因腎衰竭離開人世。未來的醫學愈來愈發達，類似的爭議事件將層出不窮，各國政府必須擬定周全的法律來規範，否則和電影雷同的情節，將活生生地出現在現實生活中。

結構分析法

主旨	第一段	妹妹想爭取使用身體的自主權。
情節一	第二段	父母認為安娜捐贈器官給自己的姐姐是責無旁貸。
情節二	第三段	母親剃光頭和凱特一起體會生病的滋味。
結論	第四段	類似的爭議事件將層出不窮。

詞語和成語

一、罹患：染病。如：「他罹患了癌症。」

二、延續：繼續。如：「延續香火」。

三、責無旁貸：自己應盡的責任，沒有理由推卸。

四、不折不扣：完完全全的，一點都不打折扣的。

五、忘恩負義：受人恩惠而不知報答，反而做出對不起恩人的事情。

六、在所難免：無論如何很難免除、避免。

七、濃郁：香氣濃烈。如：「在這如夢的花園中，看到的是錦繡的花簇，聞到的是濃郁的花香。」

八、瀰漫：遍布、滿布。如：「戰雲瀰漫」。

九、生不如死：形容活得極度無奈、痛苦。如：「在極權統治下，人民普遍過著生不如死的悲慘生活。」

十、層出不窮：比喻事物或言論接連出現，似乎沒窮盡。

十一、雷同：雷一發聲萬物無不同時響應。今用於人或事物間有相同之處。

修辭法

一、類疊法：「否則和電影雷同的情節，將活生生地出現在現實生活中。」

賞析

當捐贈器官由陌生人變成自己的妹妹，似乎是理所當然的事，也因此身為妹妹在延續姐姐生命的使命上，負有重大的責任。但是也因此妹妹和姐姐的病歷是一樣的，妹妹必須接受和姐姐同樣的身體煎熬，本來健康的妹妹最後會想要擁有身體的自主權是顯而易見的。在親情和自主權兩者必須擇一的情形之下，在妹妹的心裡也是兩難的一件事。

四、我喜歡的一部電影之四：《叫我第一名》

說明

第一段敘述妥瑞氏症的主角波波，當上老師的故事。第二段敘述波波面試二十五次，終於獲得錄取。第三段分析勇敢踏出或是躲在象牙塔裡的分別在哪裡？第四段敘述波波家人對他的支持。第五段說明教師以身作則，是給孩子最好的學習榜樣。第六段的感想就是化不可能為可能，才是教育的奇蹟。

範文

《叫我第一名》

妥瑞氏症的孩子，無法控制自己的腦袋，嘴巴不斷地發出各種聲音，如犬吠聲等。一般人只想待在家中自學，但是這部電影中的主角波波卻不被打倒，勇敢地走進學校，並且把身心的障礙當作墊腳石，終於當上人師。

流浪教師的問題是仍然存在，如何異軍突起？就在屢敗屢戰失敗了再站起來。只要你有堅定的信念，終會獲得教職。許多人考教職考了三、四年之後，就會灰心喪志，對自己失去信心，懷疑自己的能力。但是波波卻在第二十五次的面試之後，獲得錄取。

障礙並不可怕，可怕的是你如何面對障礙？排斥它，它還是會跟著你一輩子，找出適應之道才是解決的辦法。要獲得他人的認同，需要許多的嘗試和努力，而不是以逃避的心態來面對，如只是躲在象牙塔中自怨自艾，於事無補。

波波家人對他的支持很重要。波波的媽媽不想把波波關在家中自學；爸爸也會幫波波任職的學校製作新的書櫃；還有波波報考碩士遇到特殊考場的問題需要解決，爸爸就出面處理；弟弟也是站在波波這一邊，和波波的感情非常好。這樣一個向心力非常強的家庭成員，給波波一股力量，勇於去面對生活給他的考驗。

教師在講台上是不能發出任何怪聲，但是懂得教育理念的校長，會讓妥瑞氏症的教師站上講台，就是要教師以身作則，說明身心障礙可以靠自己的力量站起來，而不被身心障礙所打敗，這就是給孩子最好的學習榜樣。

　　這部影片讓人省思，當前的教育環境，是否應改變僵化思想？讓有熱誠的、優秀的身心障礙教師，達到想教書的夢想。化不可能為可能，才是教育的奇蹟。

結構分析法

主旨	第一段	把身心的障礙當作墊腳石，當上人師。
評論一	第二段	波波卻在第二十五次的面試之後，獲得錄取。
評論二	第三段	面對障礙找出適應之道才是解決的辦法。
評論三	第四段	波波家人對他的支持很重要。
評論四	第五段	以身作則，說明身心障礙可以靠自己的力量站起來。
啟發	第六段	有熱誠的、優秀的身心障礙教師，達到教書的夢想。

詞語和成語

一、自學：未經老師指點，自我學習。如：「我的電腦知識是自學所得。」

二、異軍突起：比喻突然興起的新生力量。如：「這些新手在比賽中異軍突起，令人刮目相看。」

三、喪志：喪失了鬥志。

四、象牙塔：本是法國批評家聖博甫對詩人威尼的評語。後比喻脫離現實的理想生活。或稱為「藝術之宮」。

五、自怨自艾：悔恨自己過去的錯誤而加以改正缺失。今則指自我悔恨、責備。

六、向心力：比喻成員環繞某一組織或中心的凝聚力量。

七、僵化：變僵硬，凝滯無法開展。如：「思想僵化的人，是無法接受新觀念的。」

修辭法

一、譬喻法：「勇敢地走進學校，並且把身心的障礙當作墊腳石，終於當上人師。」

二、轉化法：「障礙並不可怕，可怕的是你如何面對障礙？排斥它，它還是會跟著你一輩子，找出適應之道才是解決的辦法。」

三、設問法：「當前的教育環境，是否應改變僵化思想？」

賞析

這是一部勵志的電影，對於現在年輕人面對求職環境的競爭激烈，具有極大的鼓舞力量。尤其國內流浪教師人滿為患，但是出類拔萃獲得正式錄取的教師，所在多有。更何況是身心障礙的波波老師，也獲得教職，他的精神和態度更值得我們學習。還懷抱著教書夢想的老師們，只要是有心人，加入教書的行列不是一件困難的事。

五、我喜歡的一部電影之五：《明日的記憶》

說明

第一段先敘述佐伯先生罹患罹患阿茲海默症，出現幾種生病的徵兆。第二段針對一輩子奉獻生命的公司，卻冷酷對待生病的員工，做出批判。第三段針對自己的休閒計畫和陪伴妻女，都已來不及，而做出呼籲。第四段敘述妻子因為照顧佐伯先生而吃盡苦頭。第五段由第四段引發老化時代的來臨，如何照顧罹病老人的課題。

範文

《明日的記憶》

這部電影是敘述四十九歲的佐伯先生，在退休之前發現自己罹患阿茲海默症，剛開始是重複買一樣的東西，再來是遺忘開會這件事，然後是在人來人往的街道上迷路……等，由最拚命的員工變成最混的員工，到電影結束時，他忘了站在他眼前最親愛的太太。

這部片子有許多感人之處，也有許多值得世人警惕的地方。比如在一間公司賣力工作三十年，為公司衝出多少驚人業績，一旦罹病，二話不說，馬上要員工遞出辭呈，棄生病的員工如敝屣，這就是冷酷的現實。奉勸世人全力為工作奉獻之餘，先問問自己的身體還受得了嗎？如果還沒吃飯，就先去吃飯吧！賺得全世界卻失去健康，得不償失呀！

一般人總是把所有的休閒計畫排在退休之後，佐伯先生卻在退休之前就生病，來不及回饋辛苦工作三十年的自己，就待在家中養病，甚至可能到養老院去報到。佐伯回想自己還來不及帶妻子和女兒出國遊玩；也因為太投入工作而未曾在女兒成長時期好好關心她，現在他罹患阿茲海默症，彷彿做任何事來補償都來不及了，所以為親人或兒女做事還是隨時隨地進行比較好。

佐伯先生給照顧他的太太，帶來更大的災難。她總是把苦水往肚子裡吞，除了養家還要擔心隨時會出狀況的先生，甚至還要為先生的多疑和暴躁的情緒所傷害，最後送給她的禮物是徹底忘記她。

老化時代的來臨，如何照顧生病的老人？是即將步入老年生活的夫妻的課題，是送到養老院好呢？還是被病人折磨得不成人形，身邊伴侶還健康的夫妻，是否該好好地以智慧來規畫呢？

結構分析法

主旨	
第一段	佐伯先生罹患阿茲海默症。

評論一	第二段	世人全力為工作奉獻之餘，先問問身體還受得了？
評論二	第三段	為親人或兒女做事還是隨時隨地進行比較好。
評論三	第四段	佐伯先生給照顧他的太太，帶來更大的災難。
啟發	第五段	老化時代的來臨，如何照顧生病的老人？

詞語和成語

一、混：胡亂、苟且的度過。如：「鬼**混**」、「**混**日子」。

二、業績：泛指工作的成績、效果。如：「他這個月的工作**業績**大有進展。」

三、二話不說：不說第二句話。表示乾脆、爽快。如：「他**二話不說**，一口應允下來。」

四、辭呈：請求辭職的簽呈。如：「為了表示對這次事件的負責，他決定明天向上級遞出**辭呈**。」

五、敝屣：破舊的鞋子。比喻毫無價值的事物。

六、課題：正在學習或研究的問題。如：「民主與法治是當前人人須要探討的**課題**。」

修辭法

一、映襯法：「比如在一間公司賣力工作三十年，為公司衝出多少驚人業績，一旦罹病，二話不說，馬上要員工遞出辭呈，棄生病的員工如敝屣。」

二、誇飾法：「賺得全世界卻失去健康，得不償失呀！」

三、轉化法：「最後送給她的禮物是徹底忘記她。」

四、設問法：「老化時代的來臨，如何照顧生病的老人？」

賞析

老化時代的來臨，家中若有一個老人生病了，家人彷彿如臨大敵，首先是誰來照顧老人的問題？在家中照顧或是送到養老院？如果親人有願意照顧的人，當然是最好的。如果親人都有工作要從事，那就只好送到設備完善的養老院去照顧。一般老人若是生病了，另外一半責無旁貸必須接下照顧的重責大任，這時親人必須給予有力的支持，否則只落得身心俱疲的下場。

五、如何寫讀書心得？

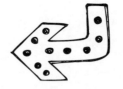

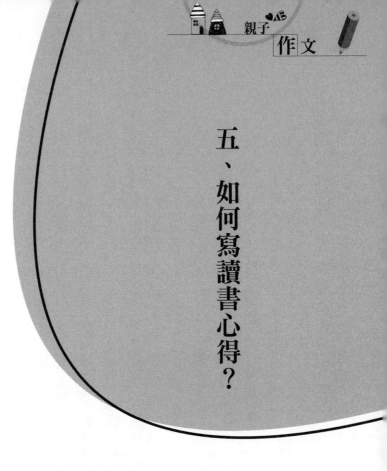

一、《兒子的大玩偶》讀後心得：兒子高二讀書心得

說明

兒子讀完黃春明先生的《兒子的大玩偶》之後，開始著手寫讀後心得，首先前三段是寫內容大意，是兒子覺得印象深刻的故事情節，雖然所佔的篇幅有點多，但可以讓讀者更深入了解整個故事。然後是兩段針對情節所啟發的心得，坤樹的生計是困難的，夫妻偶爾吵架但是心照不宣的感情仍然濃厚。

範文

《兒子的大玩偶》讀後心得

兒子的大玩偶這本書是在描寫，坤樹為了家裡的生計，而幫電影院裝扮成廣告人，在街上四處遊走。為了使路人注意，還在臉上化上小丑的臉。突然有一天父親在臉沒有化裝時，就跑去抱兒子想和他玩，可是兒子看到父親真實的臉時，卻因為不習慣父親真的臉而嚎啕大哭，所以父親只好無奈的再化上小丑裝和兒子玩。

坤樹為要養活一家人，而開始做起「廣告的」粗工作，每天從早到晚他都要背著廣告牌，

在大街小巷裡走上好幾十趟。雖然每個月的收入並不是很好，還要穿著小丑裝，背著廣告牌在大熱天裡被人笑，但仍可以維持家裡的生計。

坤樹就因為工作而和妻子阿珠吵架，坤樹覺得不應該去責怪她，坤樹回到家門口，看到阿珠為他泡好了茶，就拿起杯子猛灌。而阿珠跟隨坤樹的身影移動，想請求他回家吃飯，後來她看到坤樹往家裡的方向走，心裡覺得好高興，坤樹到家看到阿珠背著兒子阿龍，心裡面也放下了重擔，便將今天所發生的事告訴阿珠，又匆忙的走出門外，沿著農會的米倉而去，他一邊走一邊想起阿龍，兒子看到他打扮的模樣，心裡一定很喜歡，阿珠說他是阿龍的大玩偶再貼切不過了。

我覺得全文的人物描寫得很詳細，景象大部分都在街上或家中，雖然只是小小的兩個地方，但卻可以讓整篇豐富的劇情充分表現，坤樹在家中只有兩種情況，第一是和妻子吵架，兩人冷戰不說話到鄰居都開燈探望。第二是一家人因一些小事而感到滿足且感激的笑。雖是如此的簡單，但因如此，使讀者看他們的故事有如此不同的情感豐厚其中。

其實坤樹的個性有點暴躁，大部分都是靠他的妻子讓步，坤樹也因為深怕妻子對他發怒，而不為他準備水。但也因一些不是說對不起的語調與適度的關心代表一切，同時也感覺到，他們夫妻的感情濃厚，才能不說出心裡的話，就可以知道彼此想要表達的意思。

結構分析法

內容		
情節	第一段	兒子喜歡父親化上小丑裝的模樣。
情節	第二段	坤樹做起「廣告的」粗工作，維持家裡的生計。
心得	第三段	夫妻吵架又和好如初，阿珠說坤樹是阿龍的大玩偶。
心得	第四段	除了夫妻冷戰之外，一家人因小事而感到滿足且感激的笑。
	第五段	不說出心裡的話，就可以知道彼此想要表達的意思。

詞語和成語

一、**大玩偶**：供人玩樂的人或動物造形的大型玩具。如：「櫥窗裡擺設了各式各樣的大玩**偶**，吸引了不少小朋友駐足留連。」

二、生計：生活上的種種開支用度等事務。泛指生活。

三、化裝：修飾容貌、妝扮外表。如：「演員們正在後臺**化裝**。」亦作「化妝」。

四、廣告人：負責將商品的訊息，透過電視、廣播、報紙、雜誌、海報、傳單等媒體，向消費者傳播，以提高商品銷售額的工作人員。

五、小丑：戲劇中表演滑稽腳色的人。

六、嚎啕大哭：大聲哭。

七、米倉：凡囤藏米的倉庫，統稱為「**米倉**」。

八、冷戰：比喻人與人間，除肢體、語言的衝突外，任何緊張、對峙的狀態。

修辭法

一、譬喻法：「阿珠說他是阿龍的大玩偶再貼切不過了。」

賞析

讀書心得除了針對情節的部分來寫心得，還可以針對其他部分：作者和時代背景、社會現象、書中角色評論、優美文句、修辭技巧、自己的生活經驗、故事不同的結局和從書中所得到的學問等。兒子欣賞《兒子的大玩偶》，著重在坤樹夫妻的感情方面，體會夫妻只要感情濃厚，就足以克服生活上的任何考驗。

二、《佐賀阿嬤的幸福旅行箱》讀後心得

說明

筆者讀完島田洋七先生的《佐賀阿嬤的幸福旅行箱》**之後，開始著手寫讀後心得，首先前八段是寫內容大意，是**我覺得印象深刻的故事情節，雖然所佔的篇幅有點多，但可以讓讀者更深入了解整個故事。然後是三段針對情節所啟發的心得，是阿嬤常常鼓勵昭廣夫妻堅持下去，昭廣夫妻也不辜負阿嬤的期望，終於得到幸福的人生。

範文

《佐賀阿嬤的幸福旅行箱》讀後心得

這本書的男主角是昭廣，敘述他由身無分文的相聲表演者，一夕成名的故事，雖然他本身也相當的努力，但是若在緊要關頭沒有善心人士拉他一把，或許他就會半途而廢。我為昭廣的坎坷人生掬一把同情之淚。但是這些善心人士，讓這本書充滿溫馨的感覺。讓我介紹這些善心人士吧！

昭廣的太太小律的叔叔，是大公司的股東，幫他們夫妻弄到大股東享有的半價飛機票。夫妻到了東京，留宿在昭廣阿姨家，阿姨讓他們住了好一陣子。

昭廣的學長，介紹昭廣認識吉本，吉本是有名的相聲演員，昭廣得以踏入相聲這一行。

賣菜的老闆，看到昭廣到菜市場撿菜葉，騙老闆說要養兔子，被老闆揭穿，老闆切大白菜送昭廣。

後來昭廣聲帶長息肉，沒錢動手術，這家醫院的護士借一筆錢給昭廣動手術，後來幾個月之後昭廣得到最優秀新人賞的獎金，才把錢還給這位護士。

房東是山本運輸公司老闆，山本常請昭廣吃晚飯，為了不給昭廣壓力，常說「菜太多！剩下可麻煩！」常給昭廣紅包，累積多達十幾個。

常帶昭廣去新開的店光顧，常照顧附近的店家。讓人感覺不到的關懷，才是真正的體貼。

當然這本書最重要的人物是阿嬤，常常鼓勵昭廣堅持下去，希望昭廣夫妻能「互相扶持，好好努力」，「婚姻就像兩個人拖著裝滿幸福和辛苦的旅行箱，一定要拖到最後。」寄三千元給昭廣，並且鼓勵他：「要努力打拚！這錢拿去貼補什麼吧！」後來昭廣因太忙碌而生病了，阿嬤說：「昭廣，要休息，什麼不能做！」要昭廣去玩一玩。

最後昭廣體悟到，小時候跟著阿嬤在河邊提水，生火煮飯的日子，雖然貧窮，感覺卻是最富裕的歲月，堪為追逐榮華富貴者的警惕。

這本書最令人感動的地方，還是昭廣的太太小律，不管昭廣的日子是得意或失敗，總是和昭廣一起拖著婚姻的旅行箱，絕不棄昭廣於不顧，也是在背後默默支持昭廣的重要人物。

結構分析法

內容	
第一段	因為善心人士的幫助，而一夕成名的故事。

情節	第二段	介紹善心人士。
情節	第三段	昭廣的太太小律的叔叔，幫他們弄到半價飛機票。
情節	第四段	阿姨讓他們住了好一陣子。
情節	第五段	昭廣的學長的介紹，昭廣得以踏入相聲這一行。
情節	第六段	賣菜老闆切大白菜送昭廣。
情節	第七段	護士借一筆錢給昭廣動手術。
情節	第八段	山本常請昭廣吃晚飯，常給昭廣紅包。
情節	第九段	阿嬤常常鼓勵昭廣堅持下去。
心得	第十段	雖然貧窮，感覺卻是最富裕的歲月。
心得	第十一段	昭廣的太太小律，是在背後默默支持昭廣的重要人物。

詞語和成語

一、身無分文：身上一分錢都沒有。比喻窮困。

二、「一夕」成名：一夜，一晚。

三、擝：情態顯露於外，似可用手抓取。

四、息肉：一種因黏膜異常而形成的突起物。多發生在鼻腔或腸道內。病因不明，僅知有遺傳性和非遺傳性之分。

五、貼補：對於不足的部分加以補足。

修辭法

一、映襯法：「敘述他由身無分文的相聲表演者，一夕成名的故事」「生火煮飯的日子，雖然貧窮，感覺卻是最富裕的歲月。」

二、譬喻法：「婚姻就像兩個人拖著裝滿幸福和辛苦的旅行箱，一定要拖到最後。」

三、類疊法：「互相扶持，好好努力。」「在背後默默支持昭廣的重要人物。」

賞析

讀書心得除了針對情節的部分來寫心得，還可以針對其他部分：作者和時代背景、社會現象、書中角色評論、優美文句、修辭技巧、自己的生活經驗、故事不同的結局和從書中所得到的學問等。

文章大部分就書中情節介紹昭廣奮鬥成功的故事，有一半是得到周遭善心人士的幫忙，才能成功。所以這本書告訴我們的社會現象是大家願意幫助需要幫助的人，適時地伸出援手。而當昭廣得到榮華富貴之後，他卻覺得最富裕的歲月，是和阿嬤在一起的貧窮日子，這種感觸對於追逐富貴，汲汲於名利之徒，或許是當頭棒喝的警語。

三、《用腳飛翔的女孩二・喜歡自己》讀後心得

說明

讀書心得除了針對情節的部分來寫心得，還可以針對其他部分：作者和時代背景、社會現象、書中角色評論、優美文句、修辭技巧、自己的生活經驗、故事不同的結局和從書中所得到的學問等。首段就筆者的生活經驗，和蓮娜・瑪莉亞所遭遇的困頓相比，顯得微不足道。第二段說明父母的教育方式，讓她展現音樂及體育方面的才能。第三段堅持學會用腳編織。第四段學會開車，也激勵筆者學會開車。第五段擁有虔誠的信仰，內心就會充滿感謝和滿足。第六段從這本書得到的啟發，殘缺無法限制一個人的發展。

範文

《用腳飛翔的女孩二・喜歡自己》讀後心得

最近剛讀完《用腳飛翔的女孩二・喜歡自己》這本書，對於正為了瑣事而煩惱的我，頓時如撥雲見日，掃除了心中的陰霾，我的煩惱和主角蓮娜・瑪莉亞所遭遇的困頓相比，顯得微不足道，而她總是那麼樂觀進取，激勵著人們重新找回人生的希望。

蓮娜．瑪莉亞一出生就是失去雙臂而且是長短腳的孩子，她的雙親並不因此特別寵愛她，或是準備一大筆的財富供她花用。而是用對待正常孩子的標準來要求她，不遺餘力地栽培她，對她的未來也抱著崇高期望。也因為這樣的教育方式，有時蓮娜．瑪莉亞會忘記她是個殘障的小孩。她的雙親也著眼在她的優點上來啟發，讓她展現音樂及體育方面的才能，殘障對她早已不構成任何的阻礙。

她學習新事物時，總要比一般人花費更多時間，但是有一句話：「不怕慢，只怕站。」只要開始學習，在她堅持之下，總能應驗有志者事竟成的道理。比如她學鉤毛線，花了許多時間練習，才想出用腳指頭打結的方法，然後享受編織的樂趣。她這種獨立不求人，堅持到最後也不放棄的精神，值得我們效法。

她會開車也是令人覺得不可思議，但是她克服了種種困難，用腳開車到她想去的地方，行動自如，隨心所欲，想到哪裡找朋友談談心，都能如願以償。對於四肢健全的我們，還巴望親人開車接送我們，豈不是一大刺激？我也因此激勵自己學會開車，剛開始不敢上路，如今都駕輕就熟了。

她也有對生活感到無助的時候，但是她靠著堅定的信仰幫她度過身體的疼痛，精神的苦悶，可見信仰的不可或缺。因為有了信仰，會幫我們解開身上的枷鎖，讓我們不再鑽牛角尖。信仰讓我們看到自己已經擁有的，而忘掉無法改變的事實，或是追求不到的東西，讓我們心中充滿感謝和滿足。信仰使人們找到快樂，同時慈悲對待他人。

「一枝草一點露，天無絕人之路。」希望我們在教育孩子的時候，能去發現孩子天賦的潛能，讓孩子的優點發揮得淋漓盡致。不讓外在的殘缺，限制了發展的可能性。

結構分析法

對比	第一段	自己的煩惱和蓮娜・瑪莉亞所遭遇的困頓相比，顯得微不足道。
教育	第二段	用對待正常孩子的標準來要求她。
堅持	第三段	花了許多時間練習，才想出用腳指頭打結的方法，然後享受編織的樂趣。
自由	第四段	她克服了種種困難，用腳開車到她想去的地方。
信仰	第五段	她靠著堅定的信仰幫她度過身體的疼痛，精神的苦悶。
啟發	第六段	不讓外在的殘缺，限制了發展的可能性。

詞語和成語

一、撥雲見日：撥去烏雲，重見天日。比喻除去障礙，重見光明。

二、陰霾：比喻陰鬱不快的神色。如：「他接獲捷報，頓掃臉上**陰霾**。」

三、不遺餘力：毫不保留，竭盡全力。

四、有志者事竟成：只要立定志向去做，事情終究會成功。

五、隨心所欲：完全順隨自己的心意去做事。
六、如願以償：比喻志願得以實現。
七、駕輕就熟：駕著輕車走熟路。比喻對事情很熟悉，做起來很容易。
八、枷鎖：比喻束縛、壓迫。如：「人的一生無法逃離命運的**枷鎖**。」
九、鑽牛角尖：比喻人固執而不知變通，費力的研究無用或無法解決的問題。如：「凡事要想開點，不要**鑽牛角尖**。」
十、淋漓盡致：文章或言語表達的暢達詳盡。如：「這本小說將人性刻劃得**淋漓盡致**。」

修辭法

一、譬喻法：「頓時如撥雲見日，掃除了心中的陰霾」
二、引用法：「不怕慢，只怕站。」「一枝草一點露，天無絕人之路。」
三、設問法：「豈不是一大刺激？」
四、轉化法：「因為有了信仰，會幫我們解開身上的枷鎖」
五、映襯法：「信仰讓我們看到自己已經擁有的，而忘掉無法改變的事實，或是追求不到的東西」

賞析

一個身體健康，四肢健全的人，若是說自己無法完成一件日常生活的小事，就要努力向蓮娜．瑪莉亞學習她勤奮不懈的精神，她給我的印象是「天下哪有學不會的事呢？」正常人可能花十分鐘就學會打結，但是她花十倍的時間，終於學會打結，最後還是和正常人一樣，擁有這個能力。所以如果我們因為一件事尚未完成，而感到沮喪和挫折時，那麼就向蓮娜．瑪莉亞學習，堅持下去，最後一定能順利完成，達成任務。

四、《陪你去環島》讀後心得

說明

筆者讀完盧蘇偉先生的《陪你去環島》**之後，開始著手寫讀後心得，首先前二段是寫內容大意，**是我覺得印象深刻的故事情節，可以讓讀者更深入了解整個故事。然後是二段針對情節所啟發的心得，是父母安排讓孩子吃苦的環島活動，孩子學會很多克服的方法和做事的態度。孩子因為有父母的參與，成長得更快。

範文

《陪你去環島》讀後心得

這本書最感人的一段是，作者盧蘇偉和兒子盧蘇士經過一段頗長的腳踏車路程之後，兩人雙腿已經酸痛到不行。作者的兒子已經沒有辦法下樓梯了，更別提洗滌自己的衣物。這時作者就下樓幫兒子把衣物全洗了，看在兒子的眼底，充滿了敬佩與感激，父親不顧自己的酸痛與疲累，就是想照顧兒子，偉大的父愛就是展現在這麼細微的地方，也是這趟旅程處處可見的父子之情。

十三歲的孩子環島，在體力的負荷上比較吃重，所以作者在旅途中就被一位長者責備，認為環島會讓兒子長不大。作者的兒子聽在耳底，認為父親為了自己而被責罵，內心就會對父親感到抱歉而更努力達成目標。其實作者不自我設限兒子的能力，所以兒子才能展現更大的韌性，如果不實地環島一次，又怎能證明兒子無法達成？老人因為無法理解作者的苦心而責備作者，情有可原。作者的堅持己見而讓兒子獲得成功的經驗，這就是更高父愛的展現。

現在的孩子因為養尊處優，很少有吃苦的機會。作者安排的環島之旅，讓父子吃盡苦頭，在吃苦的時候，作者的兒子學會很多克服的方法和做事的態度，尤其感受到父親對他無盡的愛。以後兒子將來若是碰到天大的苦頭，都無法難倒他，畢竟兒子早已經過磨練而百毒不侵了。

其實父母和孩子相處的時間真的不多，尤其我的兒子升上高三之要和兒子聊天，可能是他感冒有求父母的時候。所以父母千萬不要再以忙碌為藉口，儘早安排和高中以前的孩子，做一些有意義的活動，除了陪孩子成長之外，孩子也因為有父母的參與，成長得更快，孩子更能體會父母安排的用心，都是出於父母的愛。

結構分析法

情節	第一段	最感人的一段是，作者下樓幫兒子把衣物全洗了。
情節	第二段	作者在旅途中被一位長者責備，兒子對父親感到抱歉而更努力達成目標。
心得	第三段	在吃苦的時候，作者的兒子學會很多克服的方法和做事的態度。
心得	第四段	孩子因為有父母的參與，成長得更快。

詞語和成語

一、洗滌：洗除汙穢。

二、負荷：擔任。如：「不勝負荷」。

三、設限：設定範圍、界限。如：「老闆對這個企劃案設限太多，以致推行起來困難重重。」

四、韌性：個性堅韌不撓的。如：「這人極有韌性，不輕易向命運低頭。」
五、情有可原：從情理上來衡量，尚有值得原諒的地方。
六、養尊處優：自處尊貴，生活優裕。
七、百毒不侵：任何毒物皆無法侵害。如：「他練就一身功夫，已臻百毒不侵的境界。」

修辭法

一、設問法：「如果不實地環島一次，又怎能證明兒子無法達成？」
二、誇飾法：「以後兒子將來若是碰到天大的苦頭，都無法難倒他，畢竟兒子早已經過磨練而百毒不侵了。」

賞析

讀書心得除了針對情節的部分來寫心得，還可以針對其他部分：作者和時代背景、社會現象、書中角色評論、優美文句、修辭技巧、自己的生活經驗、故事不同的結局和從書中所得到的學問等。

文章就書中情節介紹作者在環島過程之中，父親角色的扮演，佔著非常重要的地位，如果作者不幫兒子洗衣服，或是作者被責罵之後，就放棄環島之旅，這樣他的兒子就無法學到任何對他有幫助的人生態度，包括父愛和堅持到底的勇氣。

五、《人生不設限》讀後心得

說明

筆者讀完力克・胡哲先生的《人生不設限》**之後，開始著手寫讀後心得，首先前二段是寫內容大意，是**我覺得印象深刻的故事情節，可以讓讀者更深入了解整個故事。然後是二段針對情節所啟發的心得，是不要把焦點放在自己所欠缺的，而應該放在自己已經擁有的。愈是知足愈是常樂，發掘自己的能力，然後幫助他人，他的夢想是幫助全世界受苦受難的人站起來。

範文

《人生不設限》讀後心得

看這本書的時候，心情是非常奇特的舒暢，心靈好像經過一番洗滌，我居然為自己有健全的四肢，而覺得很幸運。並且告訴自己從今以後，要好好運用雙手雙腳，開創更美好的人生，為什麼？只因為作者最大的夢想是想要有一雙手和一雙腳。

這本書作者提到他為了接聽手機打來的電話，而不斷地練習拋接。他用腳拋，用臉和肩膀夾住手機，以便把手機靠近耳朵聽電話。練習之中，他被自己的手機打到瘀青，甚至摔壞好幾支手機，最後他做到了。作者為日常生活的作息，吃了不少苦頭，也造就他的求生意志力，比一般人還強許多倍。

整本書傳達的都是勵志的思想，包括不要把焦點放在自己所欠缺的，而應該放在自己已經擁有的，這樣就會比較快樂。如果一個人只關心自己的痛苦、難過、缺點、負擔等，事實並不會改變，只會更加自怨自艾。但是如果把焦點放到全世界，比自己不幸的人滿坑滿谷，更需要我們伸出援手去幫助他們。有一句話：「施比受更有福」，正是說明了有能力施捨的人，就是有福之人。

作者把自己的親身經驗告訴全世界的人，他活得光彩耀眼。他的夢想是幫助全世界受苦受難的人站起來。而且他在全世界巡迴演講，散播希望的種子，給仍在生命谷底的人一把夢想的梯子，豐富了自己和無數人的人生。

結構

情節	第一段	作者最大的夢想是想要有一雙手和一雙腳。
情節	第二段	他為了接聽手機打來的電話，而不斷地練習拋接。
心得	第三段	不要把焦點放在自己所欠缺的，而應該放在自己已經擁有的。
心得	第四段	他的夢想是幫助全世界受苦受難的人站起來。

詞語和成語

一、造就：培養、栽培。如：「**造就**人才。」
二、勵志：激勵志節，奮發向上。
三、焦點：比喻注意力的集中點。如：「電影明星一出現，往往成為眾人注目的**焦點**。」
四、滿坑滿谷：比喻數量極多，到處都是。
五、巡迴：沿某一路線來回。如：「**巡迴**演唱會」、「這次的**巡迴**展覽吸引很多人來參觀。」

修辭法

一、譬喻法：「心靈好像經過一番洗滌。」
二、設問法：「為什麼？」
三、轉化法：「也造就他的求生意志力，比一般人還強許多倍。」
「給仍在生命谷底的人一把夢想的梯子。」
四、映襯法：「不要把焦點放在自己所欠缺的，而應該放在自己已經擁有的。」
「如果一個人只關心自己的痛苦、難過、缺點、負擔等，事實並不會改變，只會更加自怨自艾。但是如果把焦點放到全世界，比自己不幸的人滿坑滿谷，更需要我們伸出援手去幫助他們。」

五、引用法：「施比受更有福。」

賞析

讀書心得除了針對情節的部分來寫心得，還可以針對其他部分：作者和時代背景、社會現象、書中角色評論、優美文句、修辭技巧、自己的生活經驗、故事不同的結局和從書中所得到的哲理等。

文章就書中情節介紹一般人生下來就擁有健全的四肢，卻是作者無法達到的夢想，但是他並不氣餒，決定挑戰沒手也可以抛接手機。促使他想要擁有日常生活的能力，是他樂觀積極的態度，凡事往正面去想，展現的成果。並且以自身經驗為例證，幫助其他受苦受難的人，重新站起來。

六、如何增進作文的能力？

一、作文錯字集錦

【作文錯字集錦〈一〉】

一、聽名〈明〉；二、名子〈字〉；三、有時後〈候〉；四、情行〈形〉；五、敝〈必〉備；六、哥〈歌〉聲；七、不感〈敢〉；八、真〈珍〉貴；九、不吉勵〈利〉；十、修〈休〉息；十一、田的〈地〉；十二、煙煙〈奄奄〉一息十三、偷工剪〈減〉料十四、收獲〈穫〉十五、在〈再〉也不是；十六、跟這〈著〉；十七、以〈已〉經；十八、在〈再〉來十九、一只〈直〉；二十、舉辨〈辦〉；二十一、綱〈網〉頁；二十二、倒〈導〉致；二十三、溝〈講〉話；二十四、爆〈暴〉力；二十五、釣〈調〉頭走人；二十六、支待〈持〉；二十七、凶〈兇〉手；二十八、奇〈其〉實；二十九、因〈應〉該；三十、作〈做〉什麼；三十一、覺的〈得〉；三十二、索〈所〉以；三十三、狀圓〈元〉；三十四、判段〈斷〉；三十五、汪〈江〉流石不轉；三十六、名落孫出〈山〉；三十七、斑〈班〉門弄斧；三十八、銀敝〈幣〉；三十九、失而父〈復〉得；四十、夸父足〈逐〉日；四十一、失而父〈復〉得；四十二、幸〈辛〉苦。

【作文錯字集錦〈二〉】

一、懷〈壞〉人；二、過成〈程〉；三、種事〈總是〉；四、工做〈作〉；五、資〈知〉識；六、蓮池譚〈潭〉；七、偷賴〈懶〉；八、不掘〈屈〉不撓；九、志同道和〈合〉；十、日全石〈蝕〉；十一、工〈功〉能；十二、機氣〈器〉；十三、設記〈計〉；十四、會記〈計〉；十五、幾到〈道〉菜；十六、作〈做〉工；十七、人際觀〈關〉係；十八、晴郎〈朗〉；十九、藍〈籃〉球場；二十、成積〈績〉；二十一、萬式〈世〉師表；二十二、進〈盡〉我全力；二十三、那〈納〉悶；二十四、來不級〈及〉；二十五、兔了〈子〉；二十六、睡找〈著〉；二十七、發陽〈揚〉光大；二十八、一位〈隻〉螞蟻；二十九、冉〈在〉天上飛；三十、座〈坐〉在板凳；三十一、嬰〈罌〉粟花；三十二、九憶〈億〉；三十三、呆〈待〉在；三十四、新蘚〈鮮〉；三十五、真〈珍〉惜；三十六、工場〈廠〉；三十七、來不急〈及〉；三十八、背〈被〉嗆死；三十九、起世〈啟示〉；四十、浪〈讓〉我；四十一、廬合〈如何〉；四十二、障〈瘴〉氣；四十三、虛幼〈幻〉。

二、劃掉多餘的字詞

【劃掉多餘的字詞〈一〉】

一、兒子準備指考的瘦削身影，好像看到往昔日的我。

答案：〈往〉

二、今年夏天氣溫異常，炎熱逼人，大家要注意防曬，避免中暑假。

答案：〈假〉

三、趁著起早到公園大樹下閱讀，就能一邊吸收書中的智慧，一邊接受芬多精的洗禮貌。

答案：〈貌〉

四、女兒參加羊毛氈夏令營，學會製作羊毛氈的祕訣竅，比如鉤針不能刺到手指頭，否則連肉都會拉出來。

答案：〈祕〉

五、利用暑假從事一些平時就喜歡做的事，如縫紉，發指揮潛力，備覺心靈充實。

答案：〈指〉

六、走廊下所有的事物，包括靜態度和動態度的，都在監視器的鏡頭下無所遁形。

答案：〈度〉

七、女兒興起想學獨輪車，有朝一日可能會是特技表演陽臺上的最佳人選。

答案：〈陽〉

八、女兒和兒子都否認衣櫃門的小凹洞是他們的傑作，其中一定有一個人說撒謊。

答案：〈說〉

九、暑假美好的時光，何必全部浪費在打掃房子的汙穢垢？

答案：〈穢〉

十、一〇一年度指考作文題目字面上是「遠方」，但是真正的題目內涵應該是「作夢想」、「理想」。

答案：〈作〉

【劃掉多餘的字詞〈二〉】

一、女兒正努力學習共通的國際性語言—英文，使用點讀筆迅速學會正確的英文發音。

答案：〈國際性〉

二、人們常在黃昏時，在公園裡步行行走，一邊運動，一邊聊天，消除一天累積下來的疲勞。

答案：〈行走〉

三、米開朗基羅的人體雕塑，好像真人出現在眼前似的，生動逼真，讓女兒看得目不轉睛。

答案：〈似的〉

四、電視上的評論節目，會邀請和主題相關的名嘴，他們總是振振有詞地發表自己的觀念看法。

答案：〈看法〉

五、現在物價飛漲，荷包縮水，為人母者為了避免金錢如流水般消失，常利用百貨公司打折扣時，才去選購家人的衣物，省吃節儉用。

答案：〈節〉

六、日常生活的用品，只要加上DIY的步驟，總是吸引我們大家趨之若鶩地想去體驗。

答案：〈大家〉

七、學習書法光說不練，一定不會進步。唯有勤奮不懈地臨寫，實在才是日起有功的不二法門。

答案：〈才是〉

八、蘇力颱風登陸之後，風雨交加，帶來超大豪雨，造成不小的損失，但是終究往往會離去。

答案：〈往往〉

九、賈伯斯是大家崇拜景仰的電腦科技人才，他的一生行事作風深深影響著青年學子。

答案：〈景仰〉

十、當我們看著熱汽球飛高升起到天空的一幕，彷彿帶著人們的夢想一起飛翔。

答案：〈飛高〉

三、成語接龍

飯蔬飲水→水落石出→出口成章→章句之學→學富五車→車水馬龍→龍爭虎鬥→
鬥巧爭奇→奇文共賞→賞心悅目→目中無人→人面獸心→心想事成→成竹在胸→
胸有成竹→竹籬茅舍→舍近謀遠→遠走高飛→飛來橫禍→禍不單行→行蹤飄忽→
忽冷忽熱→熱鬧哄哄→哄堂大笑→笑口常開→開國精神→神乎其技→技藝超群→
群龍無首→首當其衝→衝口而出→出爾反爾→爾虞我詐→詐啞佯聾→聾者之歌→
歌功頌德→德高望重→重於泰山→山明水秀→秀外慧中→中道而廢→廢物利用→
用舍失宜→宜其室家→家家戶戶→戶限為穿→穿金戴銀→銀貨兩訖

【成語意義詳解】

一、飯蔬飲水—吃蔬菜，喝冷水。形容清心寡欲，安貧樂道的生活。

二、水落石出—比喻事情真相大白。

三、出口成章—脫口而出的話都符合文章規範。比喻才思敏捷，談吐風雅。

四、章句之學—分析古書的章節、句讀等的學問，漢代經學家最擅長

五、學富五車—形容人書讀很多，學問淵博。

六、車水馬龍—形容車馬絡繹不絕，繁華熱鬧的景象。

七、龍爭虎鬥—比喻各強爭鬥。
八、鬥巧爭奇—互相比賽奇巧。
九、奇文共賞—奇特美妙的文章大家共同欣賞。
十、賞心悅目—因欣賞到美好的情景而心情舒暢。
十一、目中無人—比喻自高自大，瞧不起他人。
十二、人面獸心—後用以形容人凶狠殘暴，如野獸一般。
十三、心想事成—心中想要的都能圓滿達到。多用於祝福他人。
十四、成竹在胸—比喻處事有定見。
十五、胸有成竹—本指畫竹之前，心中早已有了竹子的完整形象。後比喻處事有定見。
十六、竹籬茅舍—竹子圍的籬笆，茅草蓋的房子。亦用以比喻鄉居簡樸的生活環境。
十七、舍近謀遠—捨棄近的而去謀求遠的。比喻愚拙而不切實際。
十八、遠走高飛—走避他方。
十九、飛來橫禍—突然降臨的意外災禍。
二十、禍不單行—比喻不幸的事接二連三的發生。
二十一、行蹤飄忽—往來行止不定。
二十二、忽冷忽熱—對人的態度時而冷淡，時而熱絡。

二十三、熱鬧哄哄—形容人聲吵雜，情緒高昂。
二十四、哄堂大笑—形容眾人同時大笑。
二十五、笑口常開—經常保持歡樂愉快的心情。
二十六、開國精神—建國時所秉持的精神。
二十七、神乎其技—形容手法、技巧極為高明巧妙。
二十八、技藝超群—本領或才藝凌駕一般人。
二十九、群龍無首—後轉喻為烏合之眾，缺少領袖。
三十、首當其衝—首先受到攻擊，或首先遭遇災難。
三十一、衝口而出—不經思考，一下子說出來。
三十二、出爾反爾—後比喻人的言行前後反覆，自相矛盾。
三十三、爾虞我詐—彼此互相詐騙。形容人際間的鉤心鬥角。
三十四、詐啞佯聾—假裝啞巴聾子。指置身事外。
三十五、聾者之歌—形容模仿別人的行為，實際上並不瞭解其中真義。
三十六、歌功頌德—歌頌功績和恩德。
三十七、德高望重—德行高，聲望隆。多用以稱頌年高德劭，且有聲望的人。
三十八、重於泰山—比喻極有價值，意義深重。

三十九、山明水秀──形容山水秀麗，風景優美。
四十、秀外慧中──形容女子容貌清秀，內心聰慧。
四十一、中道而廢──事情尚未完成，就停止不做了。
四十二、廢物利用──使無用的物品成為有用。
四十三、用舍失宜──行政措施不當。
四十四、宜室宜家──家庭和睦，室人和順
四十五、家家戶戶──每家。
四十六、戶限為穿──踏穿門檻。形容來訪人數眾多。
四十七、穿金戴銀──穿戴貴重華美的服飾。
四十八、銀貨兩訖──錢已付清，貨品已點收。表示完成交易。

四、疊積木法

一、愛：我愛寫作，他也愛；我愛旅遊，他也愛；我們的許多愛好都相同。

二、裏：這天晚上我獨自徜徉在書本裏、萬籟俱寂裏、昏黃燈火裏，真是說不出的愉悅。

三、藍：天非常藍，藍得很大海，藍得很絲絨，藍得讓人敞開胸懷。

四、飛：假若我是一隻海鷗，我就飛越高山與大海，飛越鄉村與城市，看盡世界所有的風光。

五、越：隨著歲月的流轉，我和兒女的感情越來越濃醇。

六、忽：春天的天氣忽冷忽熱，好像後母面，真令人難以適應呀！

七、太：你這次的書法作品寫得太美了，真使我太意外、太滿意了。

八、好：他面試時的態度，好從容不迫；回答的內容，好令人激賞。

九、最：今天是女兒的生日，也是我最刻骨銘心和最高興雀躍的日子。

十、又：看到兒子新買的機車，又拉風又帥氣，真是羨煞不少人！

七、模擬會考作文題目

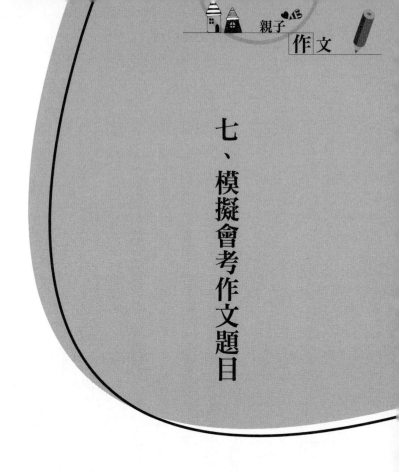

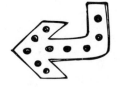

一、一本書的啟示

說明

書本是人類的好朋友，多讀書就是多交好朋友。從小到大，閱讀古今中外名著，是否有一本書令你印象深刻？因為閱讀這本書之後，對你不管在學問、修養或其它方面，都能獲得極大的幫助。以自己的閱讀經驗，寫出自己最難忘的一本書，它給你的啟示或感悟。

※不可在文中洩漏私人身分

※不可使用詩歌體

範文

我看完「沒有邊界的教室」這本書，也和國內的教育比較一下，寫出三點不同之處。

德國的基礎教育，首先要求大家都跟得上。所以有些趕不上進度的學生，就可以自動留級，當個留學生，從小學開始就有。作者本身重考三次，為何要浪費這麼多的時間？是要讓自己高中的學問更扎實，和考上理想的科系。而不是隨便考個大學科系，再來參加轉學考。

德國小學教育，強調學生擁有說故事的能力。在以前兒子的年代，發表能力是不受重視的，而且由固定幾個演講高手參加比賽，這樣學生的表達能力並沒有因此提高。現在女兒在二年級時，全校舉辦「說故事比賽」，每一個人都要上台說一個故事，我也參與其中，為她選了一本書，她也熟記在心琅琅上口，並且上台發表讓老師評審。這個活動舉辦之後，女兒也愛上說故事，常天馬行空地編故事。所以一個活動的進行，它的影響力是非常廣泛的，有興趣的學生會持續做下去。父母有空閒時多和孩子說故事、編故事，也是很好玩的。

德國的教育，是為孩子留一些空白的時間，而不是所有的時間都被補習和才藝佔滿，這樣孩子才懂得如何自己做決定。中國人是講求勤勞的民族，整天忙東忙西，生病時稍微坐著休息一下，就感覺有很深的罪惡感。要他唱個歌比登天還難，倒不如做做家事也好過虛度時光。所以現代人你不會看到他悠閒的樣子，因為他忙慣了，不忙的話，就愧對祖先。所以德國認為給孩子留一些空白的時間，讓孩子用自己的方式去填滿，孩子當然選擇遊玩來填滿空白，那麼人生就會多一些光彩，因為沒有人不喜歡玩樂的。

二、養寵物

說明

現在的寵物店如雨後春筍般地出現，顯現現代人的空虛與日俱增，和心靈寄託的所在。寵物帶給現代人多少情趣，如果你有機會養寵物，是否把牠和人類一視同仁對待？是否愛牠就不要拋棄牠？是否有其它養寵物需要注意的事項？

請寫出你的經驗、體會或想法。

※不可在文中洩漏私人身分

※不可使用詩歌體

範文

一般人提到「老鼠」，往往嚇得花容失色，恨不得除之而後快，所以才會有「過街老鼠人人喊打」的俗諺。

自從我的女兒把一隻「三線鼠」當寵物養之後，我對老鼠有不同觀感。

當我們每天與寵物相處之後，發現牠也有情緒和嗜好，一大早牠就在滾輪飛快跑步，精神抖擻叫大家起床，比全家都還有活力。

全家人吃完飯之後，還會關心牠是否吃飽喝足？當牠睡覺時，擔心牠是否停止呼吸？這段日子，因為有牠的加入，家人更有愛心和同情心，只因為我們把牠當作一家人，因此寵物教我的事是「眾生平等」，任何生命都是珍貴的。

有一天，因為籠子門沒有鎖好，牠忽然在人間蒸發，我們猜想牠不知逃到家裡的哪個角落？每天有無按時吃飯？喝水？因為家中打掃得乾乾淨淨的，又擔心牠找不到東西吃而餓肚子。

我終於體會寵物遺失時那種空虛無助的感覺很難受，難怪失主總是重金獎賞給拾獲寵物的人。三天之後，牠迷途知返，走到原來的籠子邊徘徊，讓我們驚訝之餘，有一種失而復得的喜悅。

珍惜和寵物相處的時光，要好好照顧牠，不要等到失去牠才後悔莫及。

三、終於學會了……

說明

學習一件事並非一蹴可幾，如運動、才藝、禮貌、孝順、謙虛……等，總是會遇到許多的挫折和瓶頸，把學會一件事由失敗到成功的歷程，按照時間順序來描寫，敘述自己付出的心血和努力，改變以往的做事態度，由這件事得到的啟示和領悟，以及自己心靈上的滿足與喜悅。

請寫出你的經驗、體會或想法。

※不可在文中洩漏私人身分

※不可使用詩歌體

範文

星期假日，我要女兒幫忙「洗米煮飯」，她很高興的接下這個沒有做過的任務。我先教她：「在鍋子裡盛三杯米，用清水沖洗三四次之後，瀝乾水分，再倒三杯半的開水，最後放進電鍋裡，插上電源，按下炊飯按鍵即可。」

星期六，我陪女兒成功的完成煮飯的任務。星期日，我讓她自己做，我則去菜市場買菜。女兒按照我教她的方法做，沒想到卻煮出一鍋黏稠的飯！

女兒為此納悶了好一陣子，我只好安慰她，雖然吃起來像麻糬，不過還是可以吃。同時，藉機教育她，做任何事情，包括家事，不可能第一次就成功，要不斷改進，才能做到完美。就像科學家做實驗，也要經過無數次的失敗，才能換來最後的成功。因此，一件看似簡單的事，其實包含許多道理，要親身體驗，才能領會其中的奧妙。我對女兒說：「媽媽希望你能從失敗中獲得人生的寶貴經驗。」

後來，女兒又問：「怎麼煮稀飯？」我說：「只要水比米多一兩倍就可以了。」我想，女兒還是很希望媽媽派給她的家事任務呢！

四、用一個字來形容自己

說明

中國的漢字非常神奇，一個字就蘊藏豐富的意義。雖然「帥」、「美」是大家常掛在嘴邊的字，但是帥在哪裡？美在哪裡？就值得大書特書。除了形容外在美的字，也可選內在美的字，如善、謙、孝……等只要能很貼切地形容自己整體表現的字，都可好好發揮出來。

請寫出你的經驗、體會或想法。

※不可在文中洩漏私人身分

※不可使用詩歌體

範文

如果要我花時間和別人聊天，我會覺得無法盡興；但是若是要我把想法訴之文字，我倒是非常樂意，所以可以用一個「寫」字來形容我自己。我會天馬行空地創作文字，因為喜愛「寫」，所以整個抽屜塞滿我的文稿；因為喜愛「寫」，所以十幾年來筆耕不輟。若是有一張白紙，我就想在上面打草稿，組織思想。

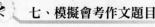

有時我和家人感情深刻，發生許多有趣的事；有時看到社會上有不合理的事發生；有時被社會上溫馨的人、事、物感動等。靜靜的夜裡，在家人都進入夢鄉之後，我就會拿出一張稿紙，寫下隻字片語也好；寫下洋洋灑灑的文章也好，把思想宣洩在稿紙上，我看到稿紙上爬滿了字，我就心滿意足，然後上床夢周公去。

若是生活中有很多工作和家事，佔去我的寫作時間，我就讓文字暫時放在腦海中醞釀，等到事情做完之後，再找個空檔寫下來。如此曲折離奇，就好像完成一樁心願般那麼慎重。所以我珍惜我的每一篇創作，就像是珍惜我的孩子一般。有時報刊錄取了我的稿子，這是編輯相信我的思想能與大家分享。

或許有人提出建議，直接打在電腦上就好，何必多此一舉？但是「寫」的速度還是比打電腦的速度快一些。當靈感女神降臨時，思緒如潮水般澎湃，擋都擋不住。於是紙和筆就是不可或缺的工具，在伸手可及之處，我總是準備著。

「寫」或許是一種抒發理念和情緒，甚至是紀錄生活的方法之一，尤其當你熟悉寫作的方法之後，更能駕輕就熟。因為有感於寫作方法的重要，所以立誓完成一本作文書，集結我多年的寫作心得。古人說：「立德、立功、立言。」我已經因為「寫」，達成了「立言」的心願。希望這本作文書，能嘉惠學子，這樣才是「寫」的最高目標吧！

五、一場難忘的音樂發表會

說明

不管是古典音樂或現代流行音樂，不管西洋交響樂或是國樂，音樂早已是生活中不可或缺的部分。缺少音樂的人生似乎也缺少那麼一點樂趣。也許是自己的才藝發表，也許是欣賞偶像發表的演唱會，試著敘述自己參與其中的感觸和感動，以及音樂如何充實自己的生活？

請寫出你的經驗、體會或想法。

※不可在文中洩漏私人身分

※不可使用詩歌體

範文

三年前女兒剛開始學小提琴時，就欣逢兒童節，小提琴老師希望女兒準備兩首曲子，好上台表演。為了演出精采，女兒練起琴來就比平常更來勁。

我為了讓女兒能盡興，特地帶她到都會公園練習，順便練練膽子。我們找到樹蔭底下有陰影的地方，起初女兒看到有人走過，就不敢演奏，後來愈來愈開放，只要專心練琴，就什麼都不怕了。

接著有兩個溜直排輪的小朋友，在旁邊小聲說，她們也有學小提琴，女兒說她們班上有三個小朋友學鋼琴。可見現代的小孩，不學幾樣樂器，好像跟不上時代。

後來當女兒正沉醉在樂音之中，有一個幼兒很好奇地跑來，後面跟著爸媽，一家子站在旁邊欣賞，女兒愈拉愈小聲了。

女兒終於練習完畢，她向大樹說謝謝，大樹也好像給她一些回饋呢！，第一次在大樹底下演奏，風兒卻頑皮地亂吹譜，好幾次我追著風中的樂譜跑呀跑！大樹笑得前俯後仰。在樹蔭底下，我們得著蔽護，才不會為豔陽烤焦。大樹牠沒有耳朵，但是牠能體會音樂的美妙，長得更美了。大樹不會嘲笑女兒，靜靜地陪在她身旁，感受她音樂中的歡和樂，大樹是一個懂得聆聽的好夥伴，用音樂向牠吐露最棒。牠會揮動雙手為女兒鼓掌，大樹就是這麼體貼的理想對象。

這次在大自然的懷抱身心徹底放鬆，再加上悠揚的音樂，有加乘的效果。經過這次大自然和音樂的結合，我可以確切地明白，女兒會永遠記得第一次為大樹演奏的感動呢！

六、征服了……

說明

為自己設定一個目標，去挑戰自己的極限。比如騎腳踏車環台，登上一座高峰，環遊世界，橫越沙漠……等，這些目標或許遙不可及，但是可以選有點困難的目標，然後盡全力去完成。或許未知的重重困難將會考驗你的意志力，這些都可以經由縝密的規畫去避免，以及臨場的應變能力去克服，誰說不能如願達成目標呢？

請寫出你的經驗、體會或想法。

※不可在文中洩漏私人身分

※不可使用詩歌體

範文

兒子已經滿十八歲了，仍然要我載他去捷運站搭車去市區，頗覺麻煩；況且他的同學，有些都已把機車當交通工具。於是趁著寒假空檔，我建議他去考張機車駕照，他欣然著手準備的事項。

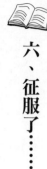

我到便利商店，買一本「機車考照完全手冊」。讓他臨時惡補一下。並且帶他到附近的診所體檢，拿著「機器腳踏車駕駛執照登記書」到監理所報到。然後進行筆試，筆試輕鬆過關。再參加兩小時的「道安講習」。進入最後關卡是讓人神經緊繃的路考，這時我才發現，兒子並沒有充分練習路考的項目，因為雙腳多次著地而慘遭滑鐵盧，只好等七天之後，再東山再起。

有了第一次慘痛的經驗，我和兒子對第二次的路考不再馬虎草率。我每天陪他到空曠的馬路繞幾圈，一再確認他對每一步驟都純熟，或是對機車的操控達到手腳自然反應的境界，再帶他去報考第二次路考。果然第二次如探囊取物般很有自信地過關，拿到他生平第一張駕照。

這次考機車駕照的經驗，得知兒子在筆試方面難不倒他，但是卻敗在路考。原因是他太「輕敵」了，以為路考不用多次練習就可通過，所以才嚐到失敗的滋味。有了教訓之後，第二次扎扎實實地練習，反而又覺得路考很簡單。

由此可知，兒子會領悟「凡事豫則立，不豫則廢。」的道理。以後不管面對任何考驗，都會充分準備。就算面對失敗，仍然不氣餒加緊練習，還是可以趕上其他的人。因為只要通過路考就算成功，別人是不會在意他到底考了幾次？他會更深刻地牢記這次的人生考驗。

七、當幹部所帶來的成長

說明

有一句話說：「人生以服務為目的。」從小到大求學過程之中，自己曾當過幹部或看過同學當幹部。是否有些人當幹部之前和當幹部之後，前後判若兩人？其中的成長空間令人驚嘆，苦澀的模樣蛻變成成熟的行為。雖然當幹部是辛苦的，但是卻得到成長的甜美果實。

請寫出你的經驗、體會或想法。

※不可在文中洩漏私人身分

※不可使用詩歌體

範文

兒子就讀高中之後，導師分派幹部的方式是抽籤，兒子抽中「午餐股長」這個幹部，每天午餐時間都忙得不亦樂乎，沉浸在「人生以服務為目的」的快樂氛圍中。直到有一天放學時，他告訴我他很累，我才知道，他中午睡覺的時間比別人少。

我詢問他是什麼原因造成的？他說有很多原因，比如要包剩菜剩飯、搬餐桶和洗湯杓，特別是做完前兩樣工作之後，還要洗幾支湯杓，午睡鐘聲早就打完，他無法和同學一起午睡，難怪精神不濟。

我聽完之後，提供他幾個方法：學校親職手冊允許教師或家長包剩菜剩飯，他幫老師裝盛的動作可以快一點，他說已經夠快了；我說可以早一點提醒搬餐桶的學生，不要逕自去打掃外掃區，他說同學還是選擇先去打掃；我說洗湯杓可以利用下午的下課時間，他說他想去合作社。

我只是站在提供意見的角度，並不強迫兒子採納我的方法，最後兒子想到國中導師的做法，建議導師以「排」為單位輪流，每天由一排的學生來幫忙午餐事宜，因為人手足夠，所以整理就很快速，兒子也能和全班一起午睡了。

經過幹部的洗禮，兒子懂得如何解決問題，不必由爸媽來收拾善後。最近叫兒子洗碗，兒子也欣然同意，兒子真的長大了！

八、令我感觸的一幕

說明

平淡無奇的生活當中，人與人之間的接觸，總會激盪出無數動人的畫面，在你的心中泛起無數的漣漪。如果當時你在場，你如何記下這感人的一幕？比如父親陪女兒搭公車；計程車司機為生計打拚；美術館偶見的做手工藝品的老伯伯……等，都會讓你想到什麼真理？或發現生活中的感動。

請寫出你的經驗、體會或想法。

※不可在文中洩漏私人身分

※不可使用詩歌體

範文

假日，和先生一起去美術館散步，美術館正舉辦一個來自國外某知名品牌的盛大展覽。但一看到售票口大排長龍，又接近閉館的時間，於是轉而參觀其它免費的展覽。

最後，我們繞到美術館戶外，發現長石椅上彷彿也有一小群人圍觀著。我們好奇地趨前探視，結果看到一個滿頭白髮的老先生，粗大的雙手正拿著鋁罐，這裡剪一剪，那裡折一折，手指靈巧，氣定神閒，正在做廢物利用的最佳示範。旁邊則擺放著成品，好些是各式各樣的造型椅。

在他的巧思之下，一個個鋁罐，都變成精緻、古典、鏤花的高級藝術品。雖然不知他姓什麼?叫什麼?也不知他住在哪裡?但已引起我們想要光顧的念頭。

回程之中,讓我想起小時候的玩具,哪一種不是回收再利用的?如用竹筷子做成的竹槍;用喝完的飲料罐玩踢罐子;用壓扁的瓶蓋玩遊戲;用橡皮筋玩跳高等。都讓童年時光留下不少歡笑。比起現在的玩具,好玩的程度,可說有過之而無不及。

美術館正在展覽的作品,也許吸引了趨之若鶩的遊客,但是在我的心目中,這位老先生更值得購票參觀,因為他讓我體會了藝術無國界的奇妙感受,雖然平凡,卻因藝術而熠熠生輝!

九、改編課文中提到的故事結局

說明

從小學到國中,聽到許多寓言故事和神話傳說,你可曾試著改編這些故事的結局,讓它變得更有趣、更吸引人,或是有更完美的結局。比如夸父逐日,夸父追逐太陽的下場是渴死。守株待兔的農夫,他的下場是田地荒廢、毫無所獲。當然還有許多動人的故事,你如何改編這些故事？讓它們和原來的故事一樣，富有深刻的意義。

請寫出你的經驗、體會或想法。

※不可在文中洩漏私人身分

※不可使用詩歌體

範文

現代有一位農夫，農忙之餘，在樹下休息。忽然有一隻兔子跑來，農夫把牠捉了起來，帶回家研究，原來是一隻寵物兔。因為現代人養兔子當寵物，日子一久，覺得麻煩，就把寵物兔變成流浪兔。剛好農夫的女兒希望擁有一隻寵物兔，農夫就把寵物兔送給女兒當禮物，女兒非常高興，終於有自己的寵物。

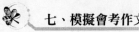

過了一段日子，女兒希望有第二隻兔子來陪伴第一隻兔子，所以農忙之餘，農夫又到樹下等寵物兔。這次不像第一次那麼簡單，農夫花費太多時間等待，就連到農田去灌溉一下，也找不到時間，不久，農作物全部枯萎而死。這時皇天不負苦心人，終於讓農夫碰到第二隻兔子，誰叫失寵的寵物兔總會變成流浪兔？

這兩隻兔子，一隻是雄的，一隻是雌的，從此不斷地繁延子孫。農夫為了曾經荒廢農田一事而後悔不已，驗證了一句話：「天下沒有白吃的午餐」。後來農夫的女兒希望擁有更多的寵物兔，農夫只好試著轉業，東山再起，就把農田改造成牧場，當起牧場的主人，養起寵物兔來了，大量繁殖寵物兔，除了販售也開放遊客觀光。農夫感嘆：「成也蕭何，敗也蕭何。」

沒想到農夫在樹下捉到一隻寵物兔，居然改變了農夫的命運，使農夫成為牧場的經營者，所以人只要不被失敗打敗，仍然可以重新站起來，開創另一個新天地。

十、我看到社會上有哪些不合理的事？

說明

人是社會的一分子，應當關心社會，關心周遭的人、事、物，就算是一個國中生，也會希望社會愈來愈好。就你的觀察，你認為社會上有哪些不合理的事？如果你能改變，你想做什麼？讓這件事看起來更合理、更人性。比如馬路上的坑坑洞洞，是否應該填補？人們說出有禮貌的話，來替代粗魯謾罵的指責？

請寫出你的經驗、體會或想法。

※不可在文中洩漏私人身分

※不可使用詩歌體

範文

全家利用年假到高雄美術館走一走，想流覽最新的展覽作品。平時一樓的展覽室常人滿為患，這次我正慶幸人潮較少，有較寬敞的空間可慢慢欣賞，以培養孩子的美學素養和藝術氣質，但是愈往館裡走，心中愈覺得毛骨悚然。展覽作品由平易近人，變成恐怖驚悚，彷彿進入知名遊樂場的「鬼屋」，全家人只好快步落荒而逃。

我們全家兩個大人和兩個未滿十八歲的孩子，在無預警的情形下受到驚嚇，大人心智尚可排解，但天真的孩子受到驚嚇之餘，心中恐留下陰影。

美術作品若讓人心中難受或是主題不利於兒童欣賞，美術館就應做好把關。美術作品也應有一套完善的分級制度，不應將溫馨、恐怖、幻想的類別全部納入普通級，才能讓美術館成為親子共遊的好去處。

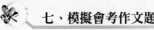

國家圖書館出版品預行編目資料

親子作文—6大方法增進作文能力 / 夐林著
--初版-- 臺北市：博客思出版事業網：2016.3
ISBN：978-986-5789-92-3(平裝)
1.漢語教學 2.作文 3.中等教育

524.313　　105000621

親子學習 7

親子作文—6大方法增進作文能力

作　　者：夐林
編　　輯：高雅婷
美　　編：陳湘姿
封面設計：陳湘姿
出 版 者：博客思出版事業網
發　　行：博客思出版事業網
地　　址：台北市中正區重慶南路1段121號8樓之14
電　　話：(02)2331-1675或(02)2331-1691
傳　　真：(02)2382-6225
E—MAIL：books5w@yahoo.com.tw或books5w@gmail.com
網路書店：http://bookstv.com.tw/　http://store.pchome.com.tw/yesbooks/
　　　　　華文網路書店、三民書局
　　　　　博客來網路書店 http://www.books.com.tw
總 經 銷：成信文化事業股份有限公司
電　　話：02-2219-2080　傳 真：02-2219-2180
劃撥戶名：蘭臺出版社　帳號：18995335
香港代理：香港聯合零售有限公司
地　　址：香港新界大蒲汀麗路36號中華商務印刷大樓
　　　　　C&C Building, 36,Ting, Lai, Road, Tai,Po, New,Territories
電　　話：(852)2150-2100　傳真：(852)2356-0735
總 經 銷：廈門外圖集團有限公司
地　　址：廈門市湖裡區悅華路8號4樓
電　　話：86-592-2230177　傳 真：86-592-5365089
出版日期：2016年3月 初版
定　　價：新臺幣280元整（平裝，套書不零售）
ISBN：978-986-5789-92-3